DIEU, LA RÉPUBLIQUE ET MACRON

SALOMON MALKA

DIEU, LA RÉPUBLIQUE ET MACRON

Cuisine et confessions

LES ÉDITIONS DU CERF

www.editionsducerf.fr
24, rue des Tanneries
75013 Paris

ISBN 978-2-204-13045-5

Un sacré dilemme

S'il faut une scène fondatrice à la présente enquête, on la trouvera dans les funérailles de Johnny Hallyday célébrées en l'église de la Madeleine, à Paris, le 9 décembre 2017. Depuis l'Élysée, qui a décrété un « hommage populaire » plutôt que des « obsèques nationales », le président de la République a salué la mémoire du chanteur qui « a fait entrer une part d'Amérique dans notre Panthéon national ». Le premier des rockers français a cependant choisi la plus traditionnelle des façons de dire adieu à ce bas monde, à savoir une messe et catholique. Ce sont plus de quinze millions de téléspectateurs qui sont devant leur poste, un million de personnes qui suivent le cortège jusqu'au parvis et sept cents personnalités qui se tassent dans la nef. À la fin de la cérémonie religieuse présidée par Mgr Benoist de Sinety, les membres de la famille et les figures publiques de la vie des arts et de la politique défilent un à un devant la dépouille du défunt pour une ultime bénédiction.

Suivant le rite latin, Emmanuel Macron saisit le goupillon avec lequel l'usage commande de dessiner un signe de croix, esquisse un geste pour le soulever et le repose aussitôt en se contentant d'apposer ses deux mains de part et d'autre du cercueil. D'un signe de la tête, il a entre-temps signifié à son épouse Brigitte qu'il lui revient de procéder à l'aspersion traditionnelle de l'eau bénite. Lui qui se laisse volontiers aller à des débordements enthousiastes lors des meetings ou dans les stades se sait surveillé, exception française oblige, dès qu'il y va de religion. Dans cette participation, dans cette hésitation et dans ce dédoublement se tiennent toutes les questions et toutes les apories que tâche de circonscrire cet ouvrage.

Comment le plus jeune des chefs d'État de la Ve République aborde-t-il, en ce début de XXIe siècle, le fait religieux qui a pour lui sinon l'éternité, à tout le moins la durée ? Comment saisit-il la mutation planétaire que l'on désigne volontiers, précisément, comme le retour du religieux en politique ? Comment compte-t-il traiter des changements qui affectent également le paysage religieux français ? Et en quoi son rapport personnel à l'expérience religieuse détermine-il son approche ? En bref, faut-il voir en Emmanuel Macron un réformateur ou un liquidateur de la laïcité, cette singularité nationale mal comprise à l'étranger mais que la France conçoit comme une part de sa vocation universelle et qu'elle conçoit comme la meilleure solution au problème endémique du conflit latent ou ouvert entre les croyances religieuses ?

Ces interrogations en convoquent d'autres. Sur la théorie qui sous-tendrait une approche novatrice, d'abord. Ébauchée dans *Révolution*, son manifeste de campagne, est-il si sûr qu'elle soit aboutie ? Les discours qui ont suivi depuis l'accession au pouvoir ne suggèrent-ils pas au contraire qu'elle se cherche à coups de formules en lieu et place de concepts ? Quelle cohérence lui attribuer ? Y va-t-il d'un projet conscient de restructuration ou d'une volonté instinctive d'action ? S'agit-il de refonder en totalité les relations de l'État et des « Églises » ou de réaménager à la marge l'inscription des religions dans la société ? Mais une telle opération, qu'elle vise à profondément réinitialiser ou à modestement pacifier le fait religieux, est-elle même possible en l'état des choses, au regard des pesanteurs de l'histoire et des complexités de l'actualité ?

Ce qui revient, ensuite, à évaluer les circonstances, les mentalités et les urgences. Faut-il injecter une dose de spiritualité dans le principe de laïcité, mais que signifierait alors une « spiritualité laïque » ? Une société peut-elle vivre sans transcendance, fût-elle civique, mais qu'est devenue la haute symbolique républicaine de naguère ? Est-il opportun de demander aux religions de participer à la vie morale et sociale du pays quand la majorité de la population juge malvenues, voire menaçantes les intrusions religieuses dans les mœurs, les collectivités, la vie quotidienne ? Un tel débat est-il loisible au moment où le catholicisme se conçoit affaibli et connaît les affres des scandales sexuels, où le protestantisme est agité par la croissance de l'évangélisme et se trouve tiraillé, où l'orthodoxie se divise en schismes importés de ses terres natales, où le judaïsme subit un repli identitaire sous l'effet des nouvelles formes d'antisémitisme, où l'islam échoue à se structurer et à se dégager des dérives fondamentalistes et haineuses, où le bouddhisme peine à se rassembler et où les traditions humanistes se déclarent elles-mêmes en quête de définitions neuves ? Est-il possible de créer un consensus au sein d'un panorama si mouvant et diffracté ? Ou n'est-ce pas la quadrature du cercle, Sisyphe réinventé ? D'autant plus lorsque l'agenda est lourd de rendez-vous à risques, des projets de législation dans le domaine bioéthique aux énièmes plans de représentation du monde musulman, avec une possible révision de la loi de 1905 à la clé ?

Enfin, se pose la question de l'homme. Qu'en est-il aujourd'hui de sa conversion d'adolescence à l'Église romaine ? Le proverbial « en même temps » dont il use doit-il être déduit de sa formation jésuite, de la recherche entre feinte et souplesse d'une sorte d'équilibre ? Ou est-il le messager, comme le pense Régis Debray, d'une reddition plus générale au « néoprotestantisme », à cette forme spiritualisée du libéralisme mondialisé qui, venu d'Outre-Atlantique, confine à l'apologie du communautarisme ? Est-il pertinent qu'il se revendique avec insistance d'un penseur, Paul Ricœur, dont l'originalité, à cheval entre Paris et Chicago, est d'avoir œuvré à relier la philosophie et la religion quand l'époque voudrait qu'on joue l'une contre l'autre ? Emmanuel Macron rêverait-il, à l'instar de Johnny Hallyday, d'instiller un peu de l'Amérique de la religion civile au sein de la

République française et laïque ? Ou veut-il la redresser à l'aune de temps changeants ? Et qu'en est-il au fond de sa propre vie intérieure qu'il ne dévoile guère tout en soulignant qu'elle existe nécessairement ?

Cette triple dimension se ramène à un dilemme lancinant. Assistons-nous à une inouïe révolution culturelle ou à un grand écart permanent sur la question cruciale de l'avenir du fait religieux en France ? Où va Emmanuel Macron ? Le sait-il lui-même ? Se rêve-t-il en quelque façon une destinée jupitérienne sinon messianique ? Veut-il tout bonnement gagner les faveurs d'électorats que ses prédécesseurs, Nicolas Sarkozy et François Hollande, ont failli à convaincre, le premier par trop de précipitation, le second par trop d'aversion ? Et comment interpréter sa gêne aux entournures, sa contre-offensive timide, sa faiblesse soudaine et décontenancée quand Marine Le Pen, lors du débat final de la présidentielle, alors qu'elle était quasiment K.O. debout, a marqué pour unique point d'évoquer ses complaisances supposées envers Hani Ramadan, l'Union des organisations islamiques de France et autres fourriers du fondamentalisme musulman ? A-t-il fait sienne, sur ce sujet comme sur d'autres sans doute, la maxime du cardinal de Retz, chérie par François Mitterrand, selon laquelle on ne sort de l'ambiguïté qu'à son détriment ? Peut-être. Dans tous les cas, chacune de ces questions demeure ouverte.

Emmanuel Macron serait-il embringué dans un cul-de-sac, coincé entre sa formation catholique, son tropisme protestant, ses devoirs immédiats à l'égard des juifs et des musulmans, son désir d'être le grand réformateur des religions et le constat, au fil des mois et des années, qu'il a affaire à une équation insoluble, à un double couperet, qu'il n'est plus possible de chasser les religions de l'espace public, de les forclore entre les quatre coudées de la vie privée mais qu'il est impossible de les intégrer en tant que telles à l'ordre public, de ne pas limiter la délicate interaction qu'elles gouvernent et codifient entre l'intime et le collectif, le particulier et le commun ? En d'autres termes, le fait religieux serait-il le lieu par excellence où l'« en même temps » s'enlise, voire s'expose à dérailler ? Et cette exception ne serait pas d'autant plus vraie que le débat à ce sujet qu'a inauguré le huitième président de la Ve République intervient au cœur d'une France à cran et à vif, d'un univers politique éclaté et d'un champ religieux tourneboulé ? Sans oublier qu'au regard du tourbillon ajouté à ce maelstrom, le chef de l'État qui a voulu l'initier et le chef de l'État qui aura à le trancher n'est plus exactement le même. L'épreuve du pouvoir a passé.

D'où cet état des lieux qui se veut d'abord une enquête, une plongée au cœur de la foi, des religions, de la laïcité, des questions éthiques et sociétales telles que la France les expérimente aujourd'hui, souvent de manière tâtonnante et sans que nul ne puisse vraiment dire ce qu'il en sera demain. D'où, aussi, cette investigation dans le réacteur à haute tension qu'anime le va-et-vient entre le secret des cabinets et le mystère des églises, des synagogues, des mosquées ou des temples, et qu'agite la contradiction inévitable entre ce qui se décide une fois pour toutes en haut et ce qui se vit au jour le jour en bas. D'où, enfin, le titre de cet essai qui mêle volontiers la plus prosaïque des quotidiennetés et la plus impérative des sacralités, les programmes et les crédos, les recettes manœuvrières et les règles absolues, les calculs et les impératifs à ce point de jonction où, qu'elle soit politique ou religieuse, domine la croyance.

À chacune des étapes de mon enquête, que j'ai choisi de relater comme elle est advenue, en gardant les multiples facettes et les diverses opinions que j'ai rencontrées, cette intersection m'est apparue comme étant à la fois le moment religieux et la fracture religieuse du quinquennat. C'est donc à partir d'elle qu'il faut aller à la rencontre des plans et des événements, des histoires et des acteurs qui éclairent ce double mouvement. C'est à elle également, quelles que soient les évolutions futures, qu'il faudra revenir.

1.

L'ÉGLISE ET L'ÉTAT

La ville dont l'enfant fut un croyant

On n'a guère de raison de s'arrêter à Amiens sans but précis, mais c'est à tort car cette bourgade picarde, à une heure de train de la capitale, ne manque pas de charme. Elle s'enorgueillit désormais de la légende Macron qui, on ne saurait y échapper, court les rues du centre-ville. À gauche de la place Gambetta trône la confiserie Trogneux, de père en fils depuis 1872 et tous prénommés Jean sur cinq générations comme le clame fièrement l'enseigne. La griffe de la boutique orne les jolies tenues des serveuses passées du rose au noir et, sur les sacs de macarons, figure, à la manière d'un portrait de famille, la parentèle de la première dame de France.

En face, un bar-tabac abrite un dépôt de presse où le docteur Macron se rend tous les matins à la même heure, arborant un éternel nœud papillon, pour acheter ses journaux. Le père du président habite non loin de là une maison bordée d'un coquet jardin et entourée de la discrétion provinciale qu'encourage fermement le propriétaire des lieux. Il a rejoint ce quartier paisible après avoir quitté celui plus distant d'Henriville, disposé autour de l'église Saint-Martin qui fut restaurée après les bombardements de la Seconde Guerre mondiale et où le jeune Emmanuel, alors élève des Jésuites, se fit baptiser à l'âge de douze ans. À sa demande et contre l'avis paternel.

Le futur président a peu commenté cet épisode pourtant essentiel de sa prime jeunesse. Au fil des entretiens de campagne, il a néanmoins confié à Jérôme Garcin, dans *L'Obs* du 17 février 2017, avoir connu « une période mystique qui a duré plusieurs années », non sans préciser être allé « tout seul à l'église ». L'absolu et la solitude, vécus comme une expérience radicalement personnelle, sont les deux aspects qui caractérisent le souvenir de sa démarche d'alors, mais semblent surtout devoir exemplifier son tempérament de toujours puisqu'il conclut son évocation d'un « après quoi, je me suis éloigné de la religion ». Comme si la foi qui l'avait mené à adhérer au catholicisme n'avait plus eu besoin, la maturité venant, de s'inscrire dans l'Église.

Sans doute est-il impossible, comme il en va immanquablement en pareil cas, de percer la vie intérieure de l'à peine adolescent qu'était Emmanuel Macron au moment de sa décision. Une conversion garde à jamais sa part de secret, y compris pour le converti. On peut néanmoins s'efforcer de cerner les contours de ce basculement, même momentané, que livrent les divers essais biographiques qui ont paru depuis son élection. Sans être décisifs, les facteurs que signale l'environnement sont explicatifs. Ils donnent chair et couleur au contexte.

Il y a d'abord le climat du milieu familial, composé pour beaucoup de ses membres de médecins ou de personnels de santé. On y est culturellement d'héritage catholique, mais on ne pratique pas ou peu, opposant aux rites une sorte de défiance positiviste et l'on préfère s'y définir comme humaniste. En choisissant le baptême que ses parents ne lui ont pas conféré à la naissance et si, certes, telle n'est pas la justification ultime de son geste, le jeune Emmanuel n'en pose pas moins un fort acte d'indépendance, voire de rupture, et se distingue nettement de ses géniteurs. Or, ces derniers n'occupent qu'une place restreinte dans le récit de son éducation qu'emplit au contraire sa grand-mère maternelle, Germaine dite « Manette », figure de l'institutrice modèle et aimante à laquelle il devrait tout ou presque. Une image « d'Épinal » que le professeur de neurologie Jean-Michel Macron, son père, contestera auprès d'Anne Fulda, la chroniqueuse politique du *Figaro*, dans son portrait d'Un jeune homme si parfait.

Il y a aussi, à rebours de la légende dorée, cette blessure native : Emmanuel, « Dieu est avec nous » selon l'étymologie hébraïque au sens de « l'enfant attendu », est l'aîné d'une fratrie de trois en conséquence du décès subit de la première-née de ses parents, Jean-Michel et Françoise. Combien l'ombre d'une sœur mort-née qui l'avait précédé a-t-elle pu peser sur sa propre croissance ? Comment le baptême, cette promesse d'immortalité, a-t-il pu sembler répondre à l'évidence de la fragilité de chaque existence ? Nul ne saurait vraiment le dire car, sur tous ces sujets, Emmanuel Macron se tait.

Il y a enfin le fait qu'entrer dans l'Église implique de se délester du foyer biologique au profit d'une filiation d'essence purement spirituelle : au sens théologique, les eaux lustrales recréent la personne comme un libre enfant de Dieu, de l'unique Père céleste. Or, force est de noter que, d'une part, sa famille immédiate, celle des liens du sang, hormis « Manette », compte peu dans la manière dont Emmanuel Macron raconte son passé et son apprentissage. Et que, d'autre part, il porte au contraire fièrement sa charge de chef d'une parentèle pour le coup symbolique, celle de Brigitte, des trois enfants et huit petits-enfants qu'elle a apportés dans leur couple. Une sorte de sainte famille inversée, mais au sein de laquelle le président sans paternité effective déclare connaître le bonheur de l'appartenance.

Il serait malvenu de trop extrapoler à partir de ce faisceau d'indices. L'histoire et la sociologie ont à l'évidence joué un rôle en naturalisant cette conversion. Dans une France majoritairement catholique, dans une école substantiellement catholique, l'appel à l'adhésion est nécessairement fort pour qui est sans autre provenance ou allégeance. Mais il est manière et manière de vouloir rejoindre le groupe. Par l'aisance et la brillance sociale qu'il manifeste très tôt, le jeune élève Macron paraît plus en quête d'un destin que d'une dépendance. À preuve que des années plus tard, lors de la campagne de 2017, il dira à Samuel Pruvot, journaliste à *Famille chrétienne* et décidé à faire passer *Les candidats à confesse* : « Je suis revenu à un certain agnosticisme. Pour autant, je reste réceptif à la présence de la transcendance. » Avant d'ajouter : « Il est certain que nos vies sont enrichies par la quête d'un absolu qui nous dépasse. »

Le temps de la conversion est révolu. Une forme de foi demeure, mais de type spiritualiste, dépourvue de principes dogmatiques, de repères doctrinaux, d'obligations pratiques. Il n'est pas sûr, pour autant, que l'empreinte du moule ne perdure pas et il est proprement catholique. Sa singularité est d'allier l'éthique biblique et l'exigence évangélique à l'intelligence de la culture mais aussi au goût du culte. Sur ces deux derniers points, l'enfant croyant d'Amiens continuera d'influencer le candidat, puis le président Macron.

Le jeune catéchumène n'a pu qu'être impressionné par la pompe liturgique à laquelle le catholicisme reste attaché, et ce d'autant plus en ces années 1990 où s'opère un certain retour à la solennité après les excès de sécularisation qui ont suivi les réformes du concile Vatican II. Un enthousiasme se superpose vite à l'autre, cependant, et à la dramaturgie de la messe succède le mélo de la scène, aux prières les déclamations, et au rituel, le jeu. C'est moins la religion que le théâtre qui va permettre à l'adolescent de s'illustrer parmi ses camarades et cette passion intellectuelle entraînera une autre passion, amoureuse cette fois, encore plus déterminante pour sa trajectoire. En s'éprenant à seize ans de celle qui guide son apprentissage sur les planches, Brigitte Marie-Claude Trogneux, épouse Auzière, mariée, mère de famille et de 22 ans son aînée, en liant son avenir à cette femme elle-même catholique, plutôt bourgeoise et conservatrice qui, issue de la lignée des chocolatiers amiénois, mène une carrière distinguée dans l'enseignement privé, le nouveau baptisé et l'encore mineur qu'est Emmanuel Macron brave les canons de l'Église et les lois de l'État. L'absolu qu'il se choisit alors n'est ni Dieu, ni la République, mais son destin.

De cette période mystique où domine l'art de la représentation, liturgique puis théâtrale, il va néanmoins rester l'amour du culte sur le plan collectif comme sur le plan individuel. Le premier volant, celui du culte patrimonial, le fait s'inscrire dans l'histoire de France sur un mode résolument catholique dès les débuts de sa campagne, qu'il évoque la nécessité de retrouver l'onction monarchique de la charge suprême, qu'il se recueille à la nécropole royale de Saint-Denis ou qu'il se compare à Jeanne d'Arc à Orléans. Mais c'est aussi bien un culte de la volonté qui appelle, après la conquête éclair du pouvoir, un registre symbolique plus mythologique et plus païen le dépeignant comme prédestiné, consacrant en lui le tutélaire de l'alignement des astres, le maître des horloges et, tout bonnement, Jupiter dont la principale caractéristique est d'être un dieu sans généalogie ou sans ascendance et de se suffire, telle la foudre, de sa propre manifestation « épiphanique ».

Une mystique du soi : ainsi irait donc le tréfonds religieux, depuis son enfance à Amiens, du président de la République qui a décidé de faire de la religion l'une ses grandes batailles en vue que la France entre dans la postmodernité mondialisée. Ce ne serait pourtant pas tout l'héritage de sa jeunesse croyante. Il faudrait sans doute y ajouter l'éducation qu'il a reçue et qui dépend de la haute et longue tradition de la Compagnie de Jésus. Alors qu'Ignace de Loyola est mort en 1556, la charte constitutive de la pédagogie jésuite, le *Ratio Studiorum,* ou « Plan d'études », a été souvent révisée mais guère remaniée. Elle demeure fondée sur les mêmes piliers : l'irréductibilité de la transcendance, le service de l'humanité, le dialogue avec la culture, le réalisme de l'action, l'engagement de la personne, l'adaptation aux circonstances, la valorisation du progrès et la recherche de l'excellence *ad majorem Dei gloriam*, « pour la plus grande gloire de Dieu » présente et reconnaissable en toutes choses. Un portrait en creux d'Emmanuel Macron ? À la condition de ne pas oublier que Ferdinand Buisson, l'apologète de la laïcité sous la IIIe République, y dénonçait précisément la formation de « propagandistes sans franchise et sans droiture ». Par-delà les oppositions polémiques de l'époque qui voyaient s'affronter « les deux France », il s'impose d'éclaircir ce que le locataire de l'Élysée a pu retenir de sa scolarité religieuse dans son art politique.

Jésuitique ?

Dans ce berceau de la Macronie qu'est Amiens, la précellence des lieux de mémoire revient naturellement à la Providence, le lycée dans lequel étudia le futur chef de l'État et que je suis venu voir de près sous l'aimable houlette de son actuel directeur, Benoît Bernard. Entre les espaces verts et les terrains de sport s'impose un bâtiment, don d'un mécène qui avait laissé le choix de sa destination, soit le culte, soit la culture et qui offre rétrospectivement un bel exercice pour les historiens de l'uchronie : eût-on érigé une chapelle plutôt qu'un auditorium et la rencontre d'Emmanuel et de Brigitte ne serait pas advenue. L'histoire aurait alors pris une autre tournure. Mais c'est bien là que l'adolescent a suivi les cours de théâtre, pendant deux ans, en Seconde et en Première, de Mme Auzière, leur idylle étant donc née sous le signe du spectacle.

L'album de « La Pro » au mitan des années 1990 garde le souvenir d'un adolescent assis à la cantine, les cheveux ébouriffés, l'œil vif, en pleine conversation et déjà séducteur. On surprend, sur un cliché, la chevelure blonde et bouclée de Mme Auzière, attentive et épanouie. On saisit, sur un autre, la frimousse joviale de François Ruffin dont rien ne laisse présager la future vocation d'Insoumis. C'est la preuve selon Benoît Bernard que la Providence laisse droit à toutes sortes de talents. Et le directeur d'égrener au tableau d'honneur des anciens élèves illustres les politiciens Jean-Paul Delevoye et Gilles de Robien, le mathématicien Olivier Guéant, le journaliste Laurent Delahousse, ou encore l'humoriste Félix Éboué. Sans oublier le premier d'entre eux, le général Leclerc.

L'établissement, qui accueille aujourd'hui 2 000 élèves, a-t-il bénéficié de l'effet Macron en termes d'inscriptions ? Benoît Bernard sourit. « Un effet nul. Ni un avantage positif, ni un repoussoir négatif. S'il y a eu un impact, c'est en termes de communication car cette notoriété inattendue a fait connaître le projet éducatif de la Providence. » Certes, mais non sans provoquer aussi un afflux de bus qui déversent des touristes, souvent japonais ou chinois, avides de connaître le décor d'une histoire d'amour *so french* et en rien soucieux de se frotter à la méthode et à la rhétorique qui ont façonné ce météorite politique.

Le prédécesseur de Benoît Bernard disait de la pédagogie jésuite qu'elle est « centrée sur l'intériorité vivante et l'intelligence multiple ». Est-ce une bonne manière de décrire cet enseignement que de le faire procéder du balancement de la réflexion, de la capacité d'opposer à une question une autre question, de la volonté de conserver la complexité de la démarche dans une forme ouverte de solution ? « Ce serait un peu simpliste que de le résumer à une inclination perpétuelle pour l'"en même temps" alors qu'il s'agit surtout pour nous de transmettre l'esprit critique et de promouvoir la liberté de penser » m'arrête mon hôte.

« Ignace de Loyola, le fondateur de la Compagnie au XVIIe siècle, nous a tout appris et, de génération en génération, nous n'avons fait que redécouvrir son intuition géniale : c'est en m'affranchissant des rumeurs environnantes et des envies immédiates que je peux sincèrement, concrètement, me demander ce que je veux pour moi et ce que je veux pour les autres. La première pédagogie consiste en ce temps de méditation appliqué à soi et au monde. En cela, la vocation première des jésuites n'est pas l'enseignement même si d'aucuns pensent qu'ils en ont inventé la forme moderne, mais l'expérience spirituelle. En investissant l'école, les jésuites ont en fait répondu à une demande. Elle persiste aujourd'hui : donner aux jeunes les outils pour qu'eux-mêmes puissent se faire leurs propres idées sur leur vie et leur engagement ».

C'est bien dans ce milieu propice, cependant, qu'Emmanuel Macron a choisi de se convertir. Une affaire de cheminement personnel et de rencontre fructueuse avec l'équipe pastorale, offre qui constitue la singularité de l'école libre, mais que ni elle n'exige, ni elle n'impose, rappelle le chef d'établissement sous contrat, non sans noter « qu'une telle démarche à douze ans n'est pas la norme ». Il y est donc allé d'un « choix authentique » auquel on ne résiste pas toutefois de confronter cet autre choix, non moins sincère, qui a été celui de Brigitte et qui aurait causé un vif scandale, soldé par l'éloignement. À quoi Benoît Bernard oppose une vision moins romantique : « Mais c'était là encore une question de choix et très tôt assumé ! Les rumeurs selon lesquelles on l'aurait exfiltré de la Providence sous la pression de sa famille sont infondées. Il était depuis longtemps convenu qu'il ferait sa Terminale à Henri IV afin de pouvoir plus facilement accéder aux classes préparatoires parisiennes. »

Il n'y aurait donc pas de moule dont Emmanuel Macron serait le tributaire ? Benoît Bernard, immédiatement, proteste que oui. La spiritualité jésuite détermine la pédagogie jésuite. Ainsi du goût pour le théâtre : « Selon Ignace, inviter quelqu'un à penser, à réaliser ce qu'il nomme la fusion des contraires et la résolution des paradoxes, implique de libérer en lui l'imagination afin qu'il se crée sa propre image du monde. Ce qui passe par la pratique des arts. » Mais aussi de la sacralité de la lecture où la distraction se fait méditation : « Les Gide, Cocteau, Giono, Char qu'Emmanuel Macron a cités dans son entretien à la NRF figurent tout simplement chez nous au programme des auteurs obligés. » Plus importante encore, s'impose la méthode : à ses yeux, le *magis*, « le toujours davantage pas à pas et palier après palier », la *cura personalis*, « le soin holistique et individualisé », la *reflectio*, « le retour critique sur l'expérience » qui permet de discriminer entre la *consolatio*, le « positif », et la *desolatio*, le « négatif », imprègnent les attitudes et les discours, les postures et les formules du président.

J'en viens avec mon interlocuteur à la question essentielle : à l'égard des idées qu'Emmanuel Macron professe sur la laïcité, se dit-il que, vu la formation qu'il a reçue, il reconnaît la firme ? « Oui. L'État est laïc mais les religions, entre autres par leurs discours éthiques, contribuent à l'éclairer. L'approche dépasse celle de Nicolas Sarkozy en ce qu'elle a de profondément jésuite. Il y a bien le spirituel, il y a bien le temporel, mais Dieu est à l'œuvre partout, y compris à l'intérieur de qui ne croit pas... » Je l'interromps. Le président n'a tout de même pas été jusque-là. « J'interprète à peine. Il ne peut le dire ainsi, mais c'est de cette manière que je l'ai compris. »

Benoît Bernard n'est pas moins conscient d'un hiatus persistant : « Quand on voit l'orientation prise sur les questions de la bioéthique ou des migrants, le décalage est flagrant. Certes, nous sommes en République et ce n'est pas aux religions de dicter la loi. Mais la cohérence de M. Macron entre sa vision et sa politique reste un point d'interrogation. Admettons que nous n'en sommes qu'au début et attendons la fin. Quant à ceux qui redoutent un coup de séduction ou une manœuvre électoraliste... Il est clair que, si tel est le cas, les évêques de France ne se feront pas avoir. Sur ces pierres d'achoppement particulièrement, ils resteront droit car il y va de principes sacrés sur lesquels l'Église catholique ne saurait transiger. »

L'heure de nous quitter s'approche. M. et Mme Macron sont-ils revenus à la Providence ? « Non. Ils ont reçu des invitations à des événements qu'ils ont courtoisement déclinées. Depuis son élection, le chef de l'État est venu deux ou trois fois à Amiens sans éprouver le besoin de visiter l'école de sa jeunesse. Peut-être en fera-t-il un jour la demande. » Et Benoît Bernard de conclure sur un air contemplatif, qui doit certainement beaucoup aux exercices spirituels d'Ignace de Loyola : « Emmanuel Macron est un ancien élève comme les autres. »

Les retrouvailles des Bernardins

« Pour des raisons à la fois biographiques, personnelles et intellectuelles, je me fais une haute idée des catholiques. Et il ne me semble ni sain ni bon que la politique se soit ingéniée avec autant de détermination soit à les instrumentaliser, soit à les ignorer alors que c'est d'un dialogue et d'une coopération d'une tout autre tenue, d'une contribution d'un tout autre poids à la compréhension de notre temps et à l'action dont nous avons besoin pour faire que les choses évoluent dans le bon sens. » Si le temps n'est plus à la conversion de l'adolescence, l'heure est aux « retrouvailles ». Elles ont lieu au Collège des Bernardins, le lundi 9 avril 2018, à l'initiative de la hiérarchie épiscopale et sont l'occasion d'une adresse solennelle d'Emmanuel Macron aux catholiques de France.

Une première depuis la loi de la séparation de l'Église et de l'État en 1905 : devant 400 invités représentant la force et la diversité des institutions de la première religion du pays, le discours, long de plus d'une heure, jouera de tous les registres, brassant des siècles d'histoire, des compagnons de Jeanne d'Arc aux Pères fondateurs de l'Europe en passant par les résistants de 1940, convoquant la littérature, l'art, les mœurs, la spiritualité, ou encore la théologie morale et la doctrine sociale, évoquant pour commencer le sacrifice du colonel Arnaud Beltrame, figure à la fois de fidélité républicaine, de vocation militaire et de foi ardente, pour finir sur le martyre du père Jacques Hamel dans son église de Saint Étienne du Rouvray, soulignant incessamment la contribution du catholicisme à la France.

C'est un feu d'artifice qu'enluminent les mentions ou citations des papes Jean Paul II, Benoît XVI, des philosophes Simone Weil, Emmanuel Mounier, Maurice Clavel, de l'historien Henri-Irénée Marrou, des écrivains Georges Bernanos, Paul Claudel, François Mauriac, mais aussi de figures contemporaines telles que Sylvie Germain ou Jean-Luc Marion et, bien sûr, François. Un exercice d'admiration, une manœuvre de séduction, ou les deux ? Le président connaît son public. Il sait ce qu'il faut dire et ce qu'il faut taire. Il anticipe les inflexions de voix qu'il y a à porter, les failles où il est bon de s'engouffrer, les flottements qu'il s'agit de retourner. Le tout à son avantage, en démontrant combien il est familier des lois de la grammaire et des subtilités de la casuistique apprises auprès des Jésuites, mais aussi et surtout en adepte des techniques de communication et des sciences du comportement à l'américaine : il met en pratique la théorie du *Nudge*, ce « coup de coude appuyé d'un clin d'œil » issu des industries culturelles et des méthodes publicitaires qui, adoubé en politique par les néolibéraux, est censé obtenir l'adhésion ou le consensus en recourant à la communion supposée, à la suggestion implicite et à l'incitation indirecte plutôt qu'à l'autorité. Un levier novateur et puissant qu'Emmanuel Macron a amplement utilisé pendant sa campagne et qui semble lui avoir réussi, tout au moins les premiers mois de son mandat.

Il se murmure que le discours paraît d'autant plus parfait qu'il aurait bénéficié des conseils préparatoires de personnalités catholiques et influentes, dont l'avocat et romancier François Sureau, l'économiste et entrepreneur Édouard Tétreau, l'essayiste et journaliste Jean-Pierre Denis pour ne citer qu'eux, ce que les intéressés démentent dans un sourire. Le chef d'orchestre en a été Sylvain Fort, la plume du président et son hémisphère droit qui, tout au souci de réconciliation qu'entend marquer l'Élysée, n'a pas tempéré la formule appelée à provoquer une tempête à gauche : s'agit-il vraiment de « réparer le lien qui s'est abîmé entre l'Église et l'État » ? Mais la loi de 1905 ne postule-t-elle pas au contraire leur séparation ? Celui-là même qui en est le garant passerait-il par pertes et profits le principe de laïcité, fondateur de la République ? On l'attendait sur ce terrain et le voilà qui martèle, aux Bernardins, que la laïcité n'a pas pour fonction de nier le spirituel au nom du temporel, ni de déraciner de nos sociétés « la part sacrée qui nourrit tant de nos concitoyens ». En mieux ou en pire, selon où l'on se place, il ne fait ici que répéter la conviction qu'il n'a cessé d'affirmer et de réaffirmer sous une forme ou sous une autre au cours de la campagne présidentielle.

Ainsi de ses déclarations à l'hebdomadaire *Marianne* en septembre 2016 : « La laïcité n'a pas vocation à promouvoir une religion républicaine [...] Dans le champ public, je ne demande aux croyants qu'une seule chose : qu'ils respectent absolument les règles. Je ne demande pas aux gens d'être modérés, ce n'est pas mon affaire. Dans sa conscience profonde, je pense qu'un pratiquant peut considérer que les lois de la religion dépassent les lois de la République ». Propos qu'il réitère dans le magazine *La Vie* trois mois plus tard, à la fin décembre 2016 : « Chaque individu est libre de croire de manière très intense. Je ne demande à personne d'être discret dans sa pratique religieuse, ou modéré dans ses convictions intimes. Mais en tant que citoyen, l'attachement aux règles républicaines est un préalable. C'est notre socle commun. Ceux qui veulent réduire l'histoire de France à l'affrontement entre un monothéisme et d'autres religions font fausse route, tout comme ceux qui veulent lutter contre toute forme de spiritualité. Je ne crois ni à la République érigée en croyance religieuse ni à l'éradication des religions. » De quoi émouvoir un Jean-Pierre Chevènement ou scandaliser un Manuel Valls. Ce qui a été le cas.

D'un bout à l'autre du spectre des opinions, Emmanuel Macron s'en tient cependant au même message auquel il croit si fort qu'il va jusqu'à désigner « la laïcité revancharde » comme le premier ennemi de la paix des cultes. Un tel renversement de perspective ne peut que surprendre puis ravir l'aréopage réuni dans le Collège des Bernardins, ce lieu tiré de l'oubli qui incarne, hommage appuyé du président au cardinal, l'« intuition forte » qu'a eue Mgr Lustiger « lorsqu'il a voulu le faire revivre pour accueillir tous les dialogues » en engageant « à penser les universels ». S'adressant à l'Église, le chef de l'État se risque même à la qualifier de « ciment de notre cohésion nationale » et, citant Mounier pour qui « en politique, elle a toujours été à la fois en avance et en retard, jamais tout à fait contemporaine, jamais tout à fait de son temps », il invite les catholiques à rester « intempestifs » tout en demeurant un « repère ». Et ce, quitte à ce que cette variante osée de l'« en même temps » tourne cette fois au paradoxe contradictoire.

Pour autant, Emmanuel Macron n'élude ni la question bioéthique, ni la question migratoire qu'il sait être des pommes de discorde. Il en profite plutôt pour battre le rappel à l'ordre. Alors qu'il n'avait pas manqué, pour se distinguer un peu plus de son prédécesseur, de confier à *L'Obs* en février 2017 que François Hollande avait inutilement « humilié » l'opposition catholique au mariage pour tous, il en appelle à une Église de l'humilité, concentrée sur ses tâches charitables, d'utilité sociale, contribuant au nouveau monde du *care*. La « sagesse » qu'il lui attribue et dont il considère qu'elle dépasse ses frontières peut être de posture prophétique, mais ne saurait prendre une forme politique, ce domaine dont il est, l'induisant sans le déduire, le seul timonier. Mais le calcul électoral n'est pas moins implicite si on le rapporte au sondage de l'Ifop publié par *La Croix* et *Le Pèlerin* en mai 2017 : six à sept catholiques sur dix se seraient prononcés pour le candidat d'En Marche au second tour de la présidentielle, mais le vote des catholiques en faveur du Front national, traditionnellement moindre en proportion que la tendance et quel que soit le mode de scrutin, aurait fini par se confondre à cette occasion avec la courbe générale.

Conscient de ce que l'on nomme la « droitisation » des catholiques, égratignant au passage et sans les nommer Marine Le Pen, François Fillon et Laurent Wauquiez comme autant de prétendants douteux ou parvenus, jouant à plein la complicité, voire la connivence, se moquant au fond d'avoir réveillé un républicanisme et un laïcisme qu'il juge moribonds, l'élu à la tête de l'État du 14 mai 2017 se présente en cette soirée du 9 avril 2018 comme l'Élu, si l'on peut dire, de l'Église et, plus généralement, à travers l'aîné romain, de toutes les religions présentes en France. Ne l'a-t-on pas vu prendre des notes quand l'archevêque de Marseille et président de la conférence des évêques de

France, dans son discours préalable, s'est fait le porte-voix des craintes et des préoccupations des croyants catholiques ? Était-ce en signe d'intérêt ou, plus prosaïquement, afin de réajuster son propre discours, de convaincre, de rallier et d'enrôler toujours plus ces milieux au service de sa cause ? À suivre sa conclusion et au regard des futures échéances électorales, particulièrement européennes au cours desquelles le président veut départager le camp du progrès du camp de la réaction, l'avenir des retrouvailles tiendrait-il dans des fiançailles ?

« Ce partage, ce travail, nous le menons résolument après tant d'années d'hésitations et de renoncements, et les mois à venir seront décisifs à cet égard », a annoncé le chef de l'État devant les représentants de l'Église. Rien n'est moins sûr que, certes flattés dans l'instant, les catholiques l'aient entendu ainsi une fois passée la magie hypnotique de la rencontre sans précédent des Bernardins.

D'un président à l'autre

Dans Marseille caniculaire, mais à l'ombre que projette Notre-Dame-de-la-Garde, Mgr Pontier me fait l'amabilité de me recevoir en son bureau de l'archevêché. Le président de la conférence des évêques de France vient lui-même m'accueillir à la porte en toute simplicité. C'est à son initiative que le président de la République a accepté de rencontrer face à face l'Église catholique. Ne s'était-il pas adressé précédemment, dans l'exercice de sa fonction, aux mondes protestant, juif et musulman ? Pour le prélat de la cité phocéenne, le contexte affirmé de pluralisme religieux que connaît la société française légitime l'événement des Bernardins. Il confie avoir été heureux de l'opportunité et n'être pas mécontent du résultat.

En dépit de la polémique consécutive sur la laïcité qui n'a pas manqué de se déchaîner ? « Cette partie était quelque peu inattendue, dira-t-on. Jamais un président de la République ne s'était ainsi exprimé sur la spiritualité, le fait religieux, les religions en présentant la laïcité comme une loi de liberté respectueuse de tous, croyants comme incroyants, et facilitant l'expression des convictions de chacun dans la limite, bien sûr, du respect de l'ordre public. Il a souligné combien l'Église catholique a été présente et active dans l'histoire de France, combien elle y a apporté et combien il attend qu'elle continue d'y contribuer afin de fortifier l'esprit de dialogue dans un climat de diversité. Ce langage, je le ressens fort bien car il est celui de la reconnaissance, de la raison et de la résolution à ce que chacun apporte sa pierre à l'édifice de la maison commune. »

Mais l'usage du mot « lien » était-il si avisé ? « Ce n'était pas la formule la plus étonnante de ce discours et je suis plutôt surpris que l'on n'ait retenue qu'elle ou presque. Il est évident qu'il existe des liens on ne peut plus concrets entre l'Église catholique et l'État français, que leurs engagements et leurs responsabilités se croisent dans les domaines de l'éducation, de la santé, de l'action sociale. Il est clair également que la loi de 1905 prescrit la séparation pour conforter la pluralité et non pas pour induire la ségrégation ». Mgr Pontier préfère insister sur la manière, précisément, dont l'épiscopat a choisi de vivre cet échange en donnant à entendre trois témoignages de la fragilité : un autiste et son frère, un SDF et son hôte, une marginale et son accompagnatrice, relevant tous de l'engagement caritatif : « Nous voulions montrer qu'un des visages de l'Église est ce qu'elle fait et ce qu'elle vit à travers l'accueil des plus vulnérables et combien elle-même se nourrit du témoignage de leur foi ». Handicap, précarité, isolement : trois thèmes et trois soucis sur lesquels Emmanuel Macron reviendra dans son discours, les faisant siens.

Malgré la touffeur marseillaise qui envahit son bureau, l'archevêque reste stoïque, droit et précis. « Abîmés, ces liens ? Ce n'est pas un mot que j'emploierai. Certes, on voit bien que sur les questions éthiques, le catholicisme en France n'influence guère désormais le législateur qui revendique sa propre conception, différente, du bien commun. La mutation, l'écart sont notables sans qu'il y ait besoin de les qualifier d'un terme si négatif et si définitif. » Les « mois à venir décisifs » qu'a évoqués le président de la République ne renvoient-ils pas à l'examen du projet de loi sur la bioéthique qui est source de divergences et peut devenir cause de divisions ?

« Pour ce qui est de la fin de vie, oui, nous sommes contre la frénésie des révisions à répétition pour des motifs idéologiques alors que la loi Léonetti, qui présente un grand équilibre, n'a pas porté encore tous ses fruits. Pour ce qui est de la

PMA et la GPA, nous pensons que le principe de précaution, auquel on recourt si volontiers sur d'autres sujets, est insuffisamment pris en compte sur celui-ci. Il nous semble qu'une loi doit toujours défendre les plus faibles et qu'en l'occurrence, ici, le plus faible n'est pas la femme stérile, mais l'enfant à venir. La GPA ne guérit pas de la stérilité. La PMA ne guérit pas de la stérilité. La stérilité demeure. Et reste entière la question du bien de l'enfant né par de tels processus où les désirs deviennent des droits ». Au temps, donc, pour le progressisme dont Emmanuel Macron se déclare le champion même si Mgr Pontier se refuse de commenter plus avant : « À vrai dire, je ne sais de quel côté avancera l'exécutif. Qui le sait d'ailleurs ? Le chef de l'État a-t-il déjà forgé en son for intérieur sa propre conviction ? Nous verrons. »

Lorsque dans la foulée j'aborde le second dossier épineux, celui des migrants, et le rapport conflictuel qui se dessine également à ce sujet, l'archevêque proteste là encore qu'il ne saurait y aller d'une affaire personnelle. Vue de Rome, comme de Marseille, cette porte de la Méditerranée, la question est planétaire. Elle engage une répartition des richesses entre le Nord et le Sud qui est défaillante, une absence de solidarité universelle qui mine la justice, la paix et l'environnement. Voilà pour le tableau général, le moyeu auquel le catholicisme attache l'accueil des migrants et qui participe de la doctrine sociale de l'Église. Mais, et c'est un « mais » lesté de gravité, « il y a l'autre volet. Ces personnes qui migrent sont là. On ne peut pas leur dire : "Attendez et on vous ouvrira après avoir fait le tri parmi vous, en séparant les utiles des inutiles, en prenant les uns et en rejetant les autres." Je sais que beaucoup de Français ne le ressentent pas ainsi et que certains appréhendent même que ces migrants ne viennent voler leur travail, violer leur fille, déverser des bombes dans leur rue. Il y a un écart entre la réalité de l'immigration chez nous, en France, et le risque moral que nous courons, qui est démesuré. En semant l'humiliation, nous semons la vengeance que nous récolterons un jour ».

Les questions s'enchaînent, le prélat procède sur chacune d'elles à sa manière, en brossant leur histoire et leur contexte de manière tempérée, non sans trancher dans le vif *in fine.* La révision de la loi de 1905 ? Il est contre, juge qu'elle constitue un symbole de l'identité française, est sous-jacente au triptyque Liberté, Égalité, Fraternité, a prouvé son efficacité référentielle et qu'il y a assez d'outils législatifs pour régler les problèmes particuliers sans avoir à y toucher en créant des exceptions. L'enseignement du fait religieux à l'école ? Il est pour, regrette que le rapport de Régis Debray qui en avait fixé la méthode soit resté sans effet, considère qu'il est indispensable à l'épanouissement de la culture générale, à la lutte contre l'ignorance et le fondamentalisme, mais fustige « la pensée étroite » selon laquelle, à égalité de diplômes universitaires, un enseignant athée serait toujours préférable en la matière à un enseignant croyant dont la raison serait forcément obscurcie par la foi.

Le dialogue interreligieux dont l'association « Marseille Espérance » a été la pionnière ? Il en loue le principe, en pointe les limites pratiques, souligne que l'échange bienveillant n'élimine pas l'irréductible différence et, pour ceux qui s'inquiéteraient d'un front commun des religions, note en s'amusant l'entreprise endurante que requiert une déclaration commune où, toutes aspérités gommées, l'on se contente de proclamer « que le monde serait meilleur s'il n'était pas pire ». L'utilité du CRCF, la Conférence des responsables de culte en France ? Il la jauge positive pour la connaissance mutuelle, mais encore plus certaine lorsque ses travaux se tiennent, de façon républicaine, au Sénat. La contribution des religions établies à la normalisation de l'islam ? Il prévient que l'organisation de l'islam relève des seuls musulmans, que nul ne peut répondre à leur place, que les autres confessions peuvent les faire profiter de leur expérience propre de régulation avec l'État, mais que la première clé demeure ce que signifie s'intégrer à une société laïque.

En bref, il ressortirait qu'il y a plus que des nuances de positionnement entre le président de la Conférence et le président de la République si Mgr Pontier, d'une dénégation de la tête, n'indiquait que telle n'est pas la question essentielle. Non plus que les affinités d'esprit qui peuvent ici ou là transparaître. « Ce qui importe chez un chef d'État est l'équilibre qu'il doit rechercher et trouver entre ses convictions personnelles et ses charges gouvernementales. De Gaulle, Pompidou, Giscard, Chirac, Sarkozy, Hollande ont eu à ce sujet des approches forts différentes. Macron s'efforce à son tour de résoudre cette difficile équation. » Laquelle correspond en fait à la théorie des deux corps du roi, privé et public, qu'encourage l'empreinte monarchique de la présente Constitution à laquelle l'actuel locataire de l'Élysée se dit attaché.

Or, précisément, l'homme Georges Pontier ne voit-il pas en l'homme Emmanuel Macron un catholique ? « Il l'est, par le baptême qu'il a voulu, par la catéchèse qu'il a reçue, par la foi que, à ce jour, il n'a pas reniée publiquement. S'il venait à mourir en ayant fait le vœu de funérailles religieuses, c'est en tant que catholique qu'il serait enterré dans l'Église catholique. Reste la perfection à laquelle appelle l'Évangile. Je ne l'ai pas, ou pas encore. Et lui non plus. » Mais en attendant qu'elle advienne ? « Rien n'empêche un président de la République d'avoir une foi et une pratique religieuse pour autant qu'il en dispose avec la sagesse qui convient et qui lui commande de ne pas être un diviseur mais un serviteur de l'unité de la nation. » À bon entendeur...

Un nouveau pacte ?

Du côté des intellectuels catholiques, ce n'est pas un jésuite, mais un dominicain qui a consacré dans la revue *Études,* pourtant fondée et animée par la Compagnie de Jésus, l'analyse la plus approfondie et la plus positive du discours des Bernardins. Expert en philosophie politique, le frère

Bernard Ceslas-Bourdin considère, dans la livraison de juin 2018, qu'Emmanuel Macron a jeté sur la table rien moins qu'une « Proposition d'un pacte pour la cohésion nationale ». Ne s'embarrassant pas de la prudence qui sied à la hiérarchie, il salue chez le président de la République un discours « indéniablement novateur » qui opère une « mutation » dans la sacro-sainte séparation de l'Église et de l'État, y discernant un « tournant » qui redéfinit le périmètre de chacun des deux protagonistes et remet « en mouvement » leur dialogue.

« Macron est probablement, écrit Bourdin, à la recherche d'une nouvelle fonction sociale des religions dans le cadre laïque, fonction déterminante pour redonner une fois encore une consistance à la cohésion nationale et du sens à l'action politique. » Il évoque même, sur le modèle christologique, une « union sans mélange ». En bref, il s'agit de réinventer une autre forme de « séparation laïque » qui reposerait sur le souci de « solidifier » à nouveaux frais l'unité de la nation. La démonstration de cette « intelligence de la foi », chère à l'Ordre des prêcheurs, est brillante, mais est-elle si sûre ?

C'est dans les bureaux d'*Études*, rue d'Assas, qui abritent aussi les *Archives de philosophie* que me reçoit François Euvé, le rédacteur en chef de la revue, lieu idéal d'enquête tant elle se situe à la croisée du religieux et du politique. Jésuite, physicien, théologien, premier mandaté de la Compagnie en Russie depuis le XVIIIe siècle, le père Euvé enseigne au Centre Sèvres où il occupe la chaire Teilhard de Chardin. Il s'empare sans tarder du sujet reconnaissant, en un euphémisme assumé, qu'« il y a dans cet événement matière à réflexion ». Mais sans nécessairement en retirer l'idée d'un « nouveau pacte » qu'y voit le père Bourdin.

« Sans doute Emmanuel Macron voulait-il montrer à la fois qu'il avait une pensée propre sur la question et qu'il rompait avec l'indifférence affichée de François Hollande que seul l'assassinat du père Hamel avait fini par dissiper. Le sentiment dominait, sous le quinquennat précédent, que le fait religieux devait être rangé au rayon du fanatisme ou de l'intolérance. Le contraste a donc opéré. Mais il y a chez le nouveau président, d'une génération plus jeune et à l'itinéraire plus singulier, comme une sorte de paradoxe : en lui coexistent l'homme d'action, d'efficacité dans la ligne libérale, capitaliste, technicienne, et l'homme de fond, d'interrogation, sensible à la justice, à la communion, à la transcendance. La question du symbolique est présente chez lui ainsi que l'intuition que les traditions religieuses ont quelque chose à apporter. Le rapport à l'histoire lui importe également de même que lui paraît important le rôle du catholicisme à l'intérieur de l'histoire, sans qu'il exclue bien sûr, dans cette réflexion de fond, les autres confessions ou religions. »

Cette dualité ou ambivalence qu'il a notée, le patron d'*Études* ne l'a-t-il pas ressentie surtout à l'occasion des élans parfois extatiques du candidat, lors de sa campagne éclair ? Par exemple, quand Emmanuel Macron a proclamé que « la politique, c'est la mystique » ? Ou, autre exemple, quand, au soir de son élection, il a conclu son discours en murmurant : « Je vous servirai avec amour ! » ? « Il faut bien entendu saisir d'où proviennent ces formules et examiner l'usage qu'il en fait au regard du sens aiguisé de la communication qu'il possède. Les deux dimensions demeurent, la formation technocratique et l'éducation philosophique, mais, au fil des jours, le souci de l'ordinaire et du pratique l'a manifestement emporté. »

Quant au côté jupitérien du chef de l'État, ne tranche-t-il pas avec la dimension d'accommodement à laquelle son passage chez les jésuites l'a en principe préparé ? « On raconte comment, lors de son voyage officiel en Grèce, en septembre 2017, durant la réception à l'ambassade de France à Athènes, un évêque, issu de la Compagnie, s'est présenté à lui et que le président a aussitôt hélé son épouse. “Viens voir Brigitte, il y a un jésuite !” Toutefois, il faudrait un jour lui demander ce qui lui reste vraiment de ses années à la Providence. Un autre ancien élève, Jean-Paul Delevoye, par ailleurs franc-maçon déclaré, insiste plus volontiers sur sa dette : “Ce que m'ont appris les jésuites ? Ils m'ont appris à douter !” Emmanuel Macron peut-il se targuer d'y avoir fait le même apprentissage ? »

Le père François Euvé embraye sur l'essentiel. « L'esprit ignacien n'entraîne de propension ni au consensus, ni au conflit, mais à un rapport dynamique entre les deux. Le risque, chez Emmanuel Macron, réside dans la contradiction qu'il y a à encourager vivement la pluralité et à mal supporter l'incertitude qui en découle. Quel traitement est réservé, par exemple, à l'opposition interne au sein de La République en marche ? La tendance est d'imposer une seule manière de penser et la tentation, de passer en force quitte à basculer du coup dans l'autoritarisme. Or, si l'on se dit ouvert au débat, il faut le laisser se dérouler et se contenter d'espérer qu'une majorité se dégagera dans le sens souhaité. Ce risque de l'impatience impérative s'est parfois fait sentir ».

Belle prescience puisqu'au moment de notre conversation personne ne songe à l'éventualité d'un mouvement tel que celui des gilets jaunes. Cet autoritarisme, l'Église pourrait-elle avoir à l'endurer après une parole élyséenne apparemment si conciliatrice ? « La question ne se pose pas car, et c'en est un assez bon résumé, ce que Macron dit aux Bernardins est simple et clair : "Vous, en tant qu'évêques, avez des positions sur divers sujets et il est bon que vous les exprimiez ; moi, en qualité de président de la République, je vous prête l'oreille mais vous écouter ne m'engage en rien. C'est cela, d'ailleurs, le principe de laïcité." »

Et le théologien jésuite d'expliciter : « En ce qui concerne le vote de la loi sur les questions bioéthiques, il a répété que les religions n'ont pas à intervenir *ex-officio*. Qu'en préliminaire, les représentants confessionnels soient invités à délivrer leur opinion devant les représentants politiques, cela se fait depuis longtemps et l'unique prétention d'Emmanuel Macron est de garantir à ces rencontres un climat ouvert, attentif et serein. Ce qui semble être le cas. Mais d'une part, les positions religieuses sur les questions bioéthiques ne sont pas identiques entre elles et parfois elles ne le sont pas même à l'intérieur de chacune comme il en va, par exemple, au sein du protestantisme ou du judaïsme. Et, d'autre part, l'inconnue est de savoir ce qu'il restera lors du passage au Parlement du souci de dialogue du président. »

Sur le défi que représente l'islam de France pour l'État, mais aussi pour l'Église, François Euvé concède, comme tant d'autres de mes interlocuteurs, « ne pas bien comprendre pour l'instant comment Emmanuel Macron ressent et aborde la question ». Quelles sont les personnes ouvertes au débat ? Où les chercher ? Comment les renforcer ? Pour le père jésuite, comme pour le frère dominicain, l'appel du pied des Bernardins vaut pour toutes les religions, censées ainsi contribuer à l'évolution pluraliste de la société française. Mais « l'organisation de l'islam est une question difficile et restera longtemps difficile » en raison de l'impact des pays d'origine, de l'absence de formations adéquates, du petit nombre d'intellectuels musulmans, etc. « Toutes choses qui viendront par la force des choses mais qui, pour l'heure, restent encore compliquées ». Comment le président Macron, selon lui, procédera-t-il ? « Par quels moyens législatifs ou administratifs ? Je ne sais. Quels sont ses réels conseillers sur ce point et en a-t-il vraiment ? Je ne sais pas. Commencera-t-il par un discours général sur la laïcité, technique sur l'organisation des cultes, civilisationnel sur l'islam ? Les réactions aux Bernardins ont montré quelle prudence requiert la parole présidentielle sur le fait religieux. Ce dont je suis certain, en revanche, c'est qu'Emmanuel Macron ne se satisfera pas d'un discours par trop plat. »

Fractures catholiques

« Pour ma part, je qualifierai Emanuel Macron de "crypto-catholique". Son discours aux Bernardins traduit l'évidence qu'il a baigné dans une formation qui doit beaucoup à l'Église et, plus encore, à l'Église de France ». Crypto désigne cependant une identité qui peut être aussi bien inconsciemment latente que volontairement cachée et transitant du coup entre l'encodage et le camouflage. Qu'entend par-là Henri Tincq que je viens de retrouver au Café Beaubourg sur l'esplanade des Halles à Paris, par une matinée ensoleillée ?

L'ancien journaliste du *Monde*, qu'on peut lire aujourd'hui sur le magazine en ligne *Slate*, détient un véritable magistère sur la question. Et la réinscrit, sans tarder, dans l'histoire longue. « La relation, plutôt que le lien, entre l'État et l'Église avait été abîmée, là c'est le bon mot, au début du XXe siècle lors de l'affrontement des deux France qui s'était soldée par une persécution ouverte des catholiques jusqu'au point où les relations diplomatiques furent interrompues entre Paris et le Saint-Siège. La Première Guerre mondiale a permis un net mouvement de réintégration républicaine qui s'est amplifié après 1945, les catholiques jouant à plein le jeu de la Résistance, participant activement à la reconstruction du pays. En une forme inédite de tripartisme, le parti démocrate-chrétien, le MRP, et les syndicats qui lui étaient affiliés ont tenu un rôle important à la Libération, équivalent à celui des partis socialiste et communiste. Le retour du général au pouvoir, en 1958, a provoqué son absorption, mais de Gaulle a continué cette démarche d'apaisement. » À quoi il faut ajouter qu'après la grande querelle sur l'école libre et la manifestation fleuve de 1984, François Mitterrand s'est lui-même rendu à l'évidence d'une réconciliation qui semblait définitivement acquise.

Les mutations nationales et internationales du fait religieux sont venues chambouler cet équilibre retrouvé. Henri Tincq distingue à ce propos le moment Sarkozy et le moment Hollande, le réchauffement de droite et le refroidissement de gauche : visitant Rome, le premier avait prononcé avec enthousiasme le discours certainement excessif du Latran, tandis que le second avait marqué une distance malvenue en refusant d'entrer dans Saint-Louis des Français ; à Paris, le premier endossait l'héritage chrétien de la France tandis que le second tendait à l'extrême l'affrontement avec les militants de La Manif pour tous. Emmanuel Macron assumerait-il ce grand écart électoraliste en prétendant le dépasser ? « Il s'y prend autrement en lançant un grand débat sur la bioéthique, sur la PMA, sur la GPA. Nul ne sait comment il s'en sortira, mais ce sera un test. »

Pour Tincq, il n'y a pas de doute, l'actuel président de la République tente de porter les relations entre l'État et les religions au degré de maturité que connaît par exemple l'Allemagne et qu'encourage l'Union européenne en marquant sa volonté d'échapper aux éternelles querelles sur le voile, la cantine ou la crèche. Au « mode infantile » d'une laïcité exclusive qui fait inlassablement monter au créneau un Jean-Luc Mélenchon succéderait une laïcité accomplie parce que vraiment assertive. « Ce dont je me réjouis car, par-delà la dimension personnelle de l'engagement, nous assistons à une prise de conscience lucide de l'évolution des forces au sein de la société », affirme Tincq.

Une inquiétude taraude néanmoins l'auteur du brûlot intitulé *La grande peur des catholiques :* elle tient à la lente dérive qu'il perçoit entre l'Église d'hier « humaniste et progressiste » et l'Église d'aujourd'hui « identitaire et conservatrice ». Outre les chiffres de sondages ou de scrutins qu'il convoque à l'appui de sa thèse, Henri Tincq note qu'à la veille du second tour, en 2017, Georges Pontier, « au profil plutôt éclairé », a refusé, au nom des évêques de France, de s'associer à la déclaration commune des responsables du culte protestant, juif et musulman qui appelait à voter Emmanuel Macron pour faire barrage à Marine Le Pen. Est-ce suffisant pour parler d'un net virage à droite là où le porte-parole de la Conférence a souligné, sans doute à raison, qu'il n'est « jamais pertinent de créer un front des religions dans le domaine politique » ? L'essayiste persiste et signe : « L'enjeu est d'autant plus important que, chacun le sait,

Laurent Wauquiez et Marion Maréchal entendent reformer une espèce de catho-nationalisme conformément au modèle que favorisent les populistes d'Europe et qu'Emmanuel Macron entend rejeter en privilégiant la tradition intellectuelle du catholicisme français. C'est cet enjeu qu'il est venu rappeler aux Bernardins. »

Une dérive droitière au sein de l'Église catholique ou qui lui serait particulière ? Mais que faire de Gilles Bernheïm, alors grand rabbin de France, dont les textes critiques sur l'homoparentalité sont cités par le pape Benoît XVI ? De Kamel Kebtane, recteur de la grande mosquée de Lyon, défilant auprès du cardinal Barbarin lors de La Manif pour tous ? Ou encore de Sylviane Agacinski, philosophe athée et de gauche, dont la dénonciation de la gestation par autrui trouve un fort écho chez les jeunes « réacs » qui animent le mouvement des Veilleurs ? Et que penser de l'opinion totalement tétanisée à l'annonce de l'assassinat du prêtre Jacques Hamel, le 26 juillet 2016, à Saint-Étienne du Rouvray, tué de 16 coups de couteau par un djihadiste alors qu'il disait la messe ? La « grande peur » est-elle seulement celle des catholiques ?

« Le pape François n'est pas suivi par tous les fidèles en France et sa prédication est assimilée à un dangereux angélisme. Si on lit *La Croix*, si on lit *La Vie*, oui, la parole du magistère retentit. Mais si on consulte des sites tels que *Riposte catholique* ou *Le Salon beige*, on voit fleurir les anathèmes contre l'immigration et contre l'islam. C'est la version catho du discours décliniste et survivaliste : "Les musulmans pratiquants sont désormais plus nombreux que les catholiques pratiquants et les églises vides deviendront demain des mosquées pleines." Cette rhétorique monte dans les milieux catholiques et il ne faut pas se leurrer sur son impact ».

Sans doute, mais il reste que l'appréhension, peut-être exagérée, des uns n'atténue pas les problèmes assurément réels des autres. La politique de maturation que déploie le président à l'égard des religions requiert leur égale maturité à l'égard de la République. Cette fois, la remarque tempère l'élan d'Henri Tincq : « Là encore, Emmanuel Macron met ses pas dans ceux de Nicolas Sarkozy tout en cédant moins à la tentation du bricolage hâtif. L'axe financier qu'il semble vouloir retenir apparaît judicieux. Mais force est de reconnaître que, pour ce qui concerne l'islam, nous ne savons pas où il veut aller. »

Le grand face-à-face

La question de l'islam fut-elle présente lors de l'échange qu'eurent en tête à tête le pape François et le président Macron lors de la visite officielle de ce dernier au Vatican le 28 juin 2018 ? On ne saurait le dire. La rencontre avait initialement tout d'une réparation. Lorsque, début 2017, on avait demandé au chef de l'Église catholique et romaine ce qu'il pensait du chef de l'État nouvellement élu en France, il avait laissé laconiquement tomber ne pas le connaître. Ce qui soulignait incidemment le peu d'intérêt visible que le pontife venu du Sud porte à la « fille aînée de l'Église », pays dont il lit avec passion les écrivains spirituels, mais dans lequel ni il ne s'est pas encore rendu officiellement, ni n'a prévu de le faire à court terme et dont il s'est contenté de fouler le sol lors de son passage à Strasbourg le 25 novembre 2014, quoique pour discourir devant le Parlement européen. François réserve en fait ses déplacements pour des contrées qu'il considère vitales en raison même de leur caractère périphérique ou marginal. Toutefois, l'audience accordée par le Souverain pontife au président de la République française fut significativement longue, marque de faveur, et s'acheva sur une embrassade provoquée de manière guère protocolaire par Emmanuel Macron dont on ne saura jamais si elle tenait pour lui de la demande d'une bénédiction secrète ou de l'affirmation d'une laïcité postmoderne, voire des deux « en même temps ».

Une rue retirée du village d'Auteuil. Un bureau croulant sous les éditions savantes. Un hôte à la fois austère et enjoué. Rémi Brague n'aime pas qu'on le présente comme théologien bien qu'il ait reçu le prix Ratzinger destiné à honorer les meilleurs esprits en « science divine et sacrée ». Il est philosophe, spécialiste de philosophie médiévale arabe et juive, insiste-t-il, n'enseigne plus à la Sorbonne mais continue d'écrire et de publier, de donner des conférences et de voyager. Il a été invité à accompagner le président Macron à Rome pour figurer, suppute-t-il, sur une liste gouvernementale depuis sa participation, sous le quinquennat précédent, à la cérémonie de canonisation de deux Français, le frère des écoles chrétiennes Salomon Leclercq et la carmélite Élisabeth de La Trinité, qui s'était tenue à Rome le 16 octobre 2016.

« Je n'étais pas dans l'avion présidentiel et je me suis rendu sur place en empruntant un avion de ligne, comme tous les gens qui vont à Rome. Nous avons été reçus à la villa Bonaparte, ce lieu remarquable où se trouve l'ambassade de France auprès du Saint-Siège. Aucun des membres de la délégation n'a assisté à la rencontre elle-même. Nous avons fait antichambre dans une pièce du Palais tout à fait agréable et avons pu discuter avec ces gens dont j'ignorais l'existence, des gentilshommes d'un certain âge en jaquette noire, couverts de décorations, parlant un italien fleuri, qui nous ont raconté des histoires sur ce qui s'était passé la veille, c'est-à-dire cinq ou six siècles auparavant. Et c'est tout. Nous n'avons eu aucun écho de ce que le pape et le président se sont dit. Le seul fait que je puis rapporter, et qui est objectif et mesurable, c'est que l'entretien a été inhabituellement long, un peu plus d'une heure alors que, traditionnellement, il dure à l'entour d'une demi-heure. »

On apprendra plus tard que le pape a offert au président une médaille de Saint Martin de Tours qui partagea son manteau avec un pauvre à Amiens, sa ville natale. Et que, de son côté, le chef de l'État a offert au Saint-Père une édition ancienne en traduction italienne, datant de 1949, du livre de Georges Bernanos, *Le journal d'un curé de campagne*, originellement publié par Plon en 1936 et couronné la même année du Grand Prix du roman de l'Académie française. Rémi Brague se souvient que les services de l'ambassade ont dû faire des pieds et des mains pour dénicher le fameux ouvrage et qu'il a fallu réveiller en pleine nuit un relieur pour lui demander de le recouvrir à la minute d'un cuir blanc immaculé ainsi que le requiert la tradition vaticane.

Pourquoi ce choix ? Le pape aime citer les grands écrivains catholiques français, qu'il s'agisse de Georges Bernanos, mais aussi de Léon Bloy ou de Joseph Malègue. Mais Emmanuel Macron lui-même, en quittant le ministère de l'Économie le 30 août 2016, ne s'était-il pas revendiqué de Bernanos en évoquant l'espérance comme « le risque des risques » ? « Une jolie formule, commente Brague. Qui pourrait aussi bien être de Péguy. Mais Macron, qui a une certaine culture, suivi en cela par le rédacteur de ses discours, sait insérer le moment voulu les références qui plairont au public auquel il s'adresse. Dans son discours aux Bernardins, il y avait tant de noms susceptibles de caresser dans le sens du poil ».

Serait-ce la trace d'une inégale mais commune filiation jésuite que l'on retrouverait là ? « Oui, Macron a étudié sous cet ordre religieux dont la longue vocation éducative produit soit d'excellents catholiques, soit des bouffeurs de curés enragés. Les deux sortes ne contestent d'ailleurs jamais la qualité de l'enseignement reçu. Ce qu'est Macron en fait, il faut le lui demander. À lui et non pas à moi qui suis un pur produit de la Laïque. Bien entendu, il ne répondra pas. » Mais encore, où le situer sur cette échelle de Richter ? « Un politique dont le programme tient dans l'"En même temps" ne peut pas s'afficher ni comme un catho, ni comme un anti-catho de choc. Il est suffisamment intelligent, qualité que personne ne lui refuse, pour choisir justement de ne pas choisir. » Je me risque à poser la question de son catholicisme. « Vous me demandez de sonder les reins et les cœurs, ce qui n'est pas de ma compétence. Disons que c'est un catholique de formation. Le baptême qu'il a réclamé, je crois à l'âge de douze ans, ce qu'il en a fait par la suite, qui le sait ? »

Rémy Brague va continuer devant moi sa profession d'agnosie quant au personnage Macron. La quête intérieure qu'on lui prête ? « Peut-être faut-il le comparer, ou comparer le portrait qui en a été fait à la statue que s'est taillée un autre président, à savoir François Mitterrand, qui a toujours voulu faire croire qu'il était dévoré d'une inquiétude spirituelle, ou d'autres choses de ce genre, toutes déclarations qui ne mangent pas de pain d'ailleurs, et qui ont entraîné, un temps, une certaine méprise de la part du cardinal Lustiger. Dans quelle mesure s'agissait-il de machiavélisme ? Je n'en sais rien et n'ai pas à le savoir. » Les Bernardins ? « J'y ai assisté moi-même et je confesse m'être laissé charmer par ce discours de bonne tenue, où il n'était pas question de dire que la France va mieux. Quelle part faut-il attribuer à Emmanuel Macron ? Quelle part faut-il attribuer à Sylvain Fort ? Dans quelle mesure ce discours contenait-il une proportion d'eau bénite de cour ? Dieu seul le sait. »

S'agissant des échéances à venir, l'auteur de *Modérément modéré* manifeste plus d'inquiétudes. La Bioéthique ? « J'ai admiré la manière dont le président a annoncé qu'il n'écouterait pas ce que la hiérarchie de l'Église aurait à dire sur la question. Il a enveloppé dans plusieurs couches de sucre ce "Cause toujours !" tendant ainsi à vérifier la formule du philosophe Olivier Rey selon laquelle "la bioéthique consiste à approuver ce que l'éthique réprouve". Or, il y va de la conception de l'homme, d'une anthropologie qui a des fondements païens, bibliques, mais non nécessairement chrétiens, et ce serait de la plus grande sottise de considérer qu'il s'agit d'un combat que l'Église mène pour elle». L'islam, enfin ? « Ce qu'il y a dans les cartons, je n'en ai pas la moindre idée. On peut seulement nourrir quelques soupçons. En ce qui concerne l'organisation de l'islam, je souhaite au président bien du plaisir. Il n'y a ni hiérarchie, ni magistère dans le sunnisme et jamais quelqu'un ne sera suffisamment représentatif et doté d'une autorité suffisante pour que les autres acceptent de se ranger derrière son opinion parce que l'islam sunnite n'en éprouve pas le besoin. Il s'agit donc d'une manière de comédie dont j'espère qu'elle ne tournera pas à la tragédie. »

La bioéthique et les migrants précisément, ces deux pommes de discorde, mais aussi les chrétiens d'Orient, autre sujet de différend, figuraient à côté de l'écologie, pour le coup moins controversée, parmi les sujets abordés par le pape et le président. Leur rencontre nous est racontée par une autre source, Jean-Dominique Durand. Cet historien, spécialiste d'histoire religieuse, notamment de l'histoire du christianisme, ancien conseiller culturel de l'ambassade de France au Saint-Siège, proche de la communauté Sant'Egidio est aujourd'hui adjoint au maire de Lyon, Gérard Collomb.

Nous nous voyons dans une brasserie au centre-ville de l'antique capitale des Gaules.

Jean-Dominique Durand, qui était aussi dans la délégation présidentielle, commence par dresser le récit du mémorable petit-déjeuner qui s'est tenu en marge de l'audience pontificale. La communauté Sant'Egidio, fondée par Andrea Riccardi en 1968, mène une action caritative planétaire, s'illustre dans le dialogue interreligieux au niveau mondial et est réputée accomplir des missions diplomatiques tous azimuts pour le compte personnel des papes depuis Jean Paul II. Le petit-déjeuner réunissait autour d'Emmanuel Macron, qui était accompagné de Gérard Collomb et de Jean-Yves Le Drian, les responsables du mouvement. Au cours de l'échange, Andrea Riccardi a invité le président français à inaugurer l'édition 2018 de la grande rencontre internationale des dignitaires religieux de toutes confessions que promeut annuellement Sant'Egidio dans la suite du rassemblement d'Assise en 1986 et appelée à tenir en septembre à Bologne. À l'instar, par le passé, d'une Angela Merkel, d'un Enrico Letta ou d'un Nicolas Sarkozy qui avait convaincu Simone Veil de l'accompagner.

Emmanuel Macron se montre d'emblée favorable et même enthousiaste à cette perspective. De son côté, Andrea Riccardi est très content. Une équipe de la communauté prend contact avec l'Élysée pour organiser la venue du président français. Les services de sécurité se rendent même sur les lieux pour les inspecter. Et puis, patatras ! On s'avise qu'il faut avertir les autorités italiennes. Et là, le projet tombe à l'eau, à cause des relations détestables qu'entretiennent Paris et Rome depuis l'arrivée de Matteo Salvini et de sa coalition au pouvoir. On parle de risques de manifestations. Exit la grande première qui aurait vu le chef du pays laïc par excellence au monde présider une rencontre interreligieuse à dimension universelle.

Le Saint-Siège est la première institution globale à mener un dialogue endurant avec le monde musulman et nous convenons, avec Jean-Dominique Durand, que cet effort est important et pourrait représenter une source d'inspiration. L'adjoint à la mairie de Lyon me confie que l'Institut français de civilisation musulmane (IFCM) vient de sortir de terre et devrait être inauguré entre le printemps et l'été 2019. Le projet consiste en un lieu ouvert de témoignage d'abord culturel bien que, complexité récurrente, une partie du centre sera également dédiée à la formation des imams. Gérard Collomb a beaucoup soutenu cette initiative. Si les relations entre le président et son ancien ministre de l'Intérieur, dont le portefeuille comprend depuis Napoléon les cultes, ne se sont pas rafraîchies d'ici là, l'inauguration du monument devrait se faire en présence du chef de l'État. Il y trouvera, peut-être, le moment idéal pour le grand discours qu'il a promis et que l'on attend de lui sur la laïcité, les religions, l'islam. Le mot qui compte et qu'il faut retenir ici étant à l'évidence « peut-être ».

Revenant à Rome et à la visite d'État, l'historien distingué du catholicisme qu'est mon convive garde également le souvenir d'autres agapes, cette fois dans le cadre de la villa Bonaparte, lors du déjeuner donné par l'ambassade de France près le Saint-Siège à l'issue du tête à tête avec le pape, où le président est apparu détendu et satisfait. Il vient de passer le rite initiatique qui consiste pour un président de la République à endosser le titre honorifique de chanoine de la basilique Saint-Jean-de-Latran, héritage de la monarchie. « Une émotion réelle » : telle est la formule d'Emmanuel Macron pour décrire son état d'âme pendant la hiératique cérémonie d'intronisation. Mais la rencontre avec François, ce rare moment de tutoiement avec l'éternité, ou l'une des icônes qui s'en rapproche, a aussi scellé sa propre élévation. Plus prosaïquement, il est vrai qu'en comparaison de ses prédécesseurs, il a réussi brillamment l'exercice politique et diplomatique que représente la visite au Vatican. Georges Pompidou s'abstient de se rendre à Rome avant que la maladie ne l'emporte. La visite de Valéry Giscard d'Estaing, en 1975, tourne au drame car elle est l'occasion pour Paul VI d'exprimer son courroux au sujet de la loi sur l'avortement et l'ambassadeur, vertement tancé par le président, met un peu plus tard fin à ses jours. François Mitterrand se contente d'un seul et unique passage discret et courtois en 1982, mâtiné de distance à l'égard de Jean Paul II. En 1996, Jacques Chirac, en retour, déborde sa fonction en montrant trop de dévotion filiale, sur un mode très personnel, à l'égard du pape de l'anticommunisme. La visite de Nicolas Sarkozy, en 2007, auprès de Benoît XVI, reste mémorable pour la présence du comique troupier Jean-Marie Bigard dans la délégation et l'utilisation compulsive de son portable par le président alors en exercice. Quant à François Hollande, la froideur qu'il affiche lors de sa première visite en

2014, dans la suite de la loi sur le mariage pour tous, accentue son image déjà très abîmée au Saint-Siège.

Emmanuel Macron a réchauffé le climat, si l'on peut dire, même si sa fervente accolade a paru bien familière là où Charles de Gaulle n'avait pas hésité à s'agenouiller le 27 juin 1959 devant Jean XXIII avant que le communiqué officiel, au regard de ce fort geste symbolique, n'évoque « leur affection mutuelle ». Or, le général reste à ce jour le seul autre élève des jésuites figurant dans la liste déjà longue des présidents de la Ve République. Mais, autres temps autres mœurs, de Gaulle se faisait une haute idée de la séparation des pouvoirs distinguant jusque dans sa pratique de catholique convaincu et fervent l'homme privé de l'homme public. Il n'est pas sûr que son lointain et juvénile successeur, plus porté sur le spirituel que le religieux, ait une vision si claire de la différence des ordres. Et qu'il n'entende pas dans le titre de « fille aînée » que l'Église catholique réserve traditionnellement à la France son propre droit d'aînesse – forcément étendu, dès lors, aux autres cultes.

2.

LA RÉPUBLIQUE ET LES CULTES

Se tenir vigie

Pasteur, fils de pasteur, et petit-fils de pasteur tel est François Clavairoly qui me reçoit au siège de la Fédération protestante de France, rue de Clichy à Paris, dont il est le président. Féru d'études bibliques, partisan et praticien du dialogue avec les autres confessions, attentif aux mouvements de société, il a connu son grand chantier et son heure de gloire lors du 500e anniversaire de la Réforme dont il a organisé la commémoration les 22 et 23 septembre 2017 au cœur de la capitale, à l'Hôtel de Ville. Ce qui a donné l'occasion à Emmanuel Macron de se livrer à une autre méditation sur le fait religieux au cours d'un ample discours qui, initialement prévu de quinze minutes, en aura duré quarante-cinq. Le tout devant un vaste rassemblement des dignitaires et responsables des cultes, à l'exception accidentelle des représentants du judaïsme, retenus pour des raisons calendaires par les célébrations du nouvel an hébraïque.

Après avoir loué en ses hôtes les « vigies de la République » et leur vive conscience des enjeux de progrès que représentent l'Europe, le climat, les migrants, le président en vient à l'objet de son souci, la révision des lois de bioéthique : « J'attends beaucoup de vous, du dialogue entre les religions comme du dialogue avec les différentes philosophies pour éclairer ce débat, pour le faire vivre, et je souhaite que notre société, notre nation, soit en capacité de savoir construire par ses controverses des consensus féconds. » Et d'ajouter : « Il me faut tenir et conjuguer l'humanisme auquel je tiens et dont je considère être le dépositaire, les valeurs de la République et les chamboulements du monde dans lequel nous vivons. »

L'approche ne varie guère de ce qu'elle sera aux Bernardins : à vous la réflexion, à moi la décision. De la même façon, la parole présidentielle laisse une large place à l'évocation des figures intellectuelles majeures. On attendait Emmanuel Macron sur Paul Ricœur, et bien entendu il fut question de Ricœur. « Un homme qui nous lie et auquel je dois énormément », confie le chef de l'État, soulignant la chance extrême qu'il a eue de l'avoir rencontré, d'avoir appris de lui, d'être devenu son assistant. Nous reviendrons sur la nature controversée de cette relation mais, pour l'heure, le voilà qui associe à la mémoire du penseur protestant le souvenir du penseur juif que fut Emmanuel Levinas, les deux philosophes participant du même dialogue entre la révélation et la raison, mais aussi de la même éthique de l'altérité : « La confiance est toujours le problème de l'autre. » Ce qui est vrai sans doute dans l'existence, mais en politique ? La vision unitive de l'histoire, autre marque de fabrique, prend alors le relais : « Le sang du protestantisme coule dans les veines de la France. »

Élégant dans son costume gris clair, virevoltant dans son épais fauteuil, François Clavairoly se prête non sans plaisir à notre échange. « Le 4 août 2017, lorsque j'ai demandé au président Macron d'y participer, il s'est montré dans l'instant intéressé. Et ce, pour deux raisons. D'une part, sa présence marquerait une première tout en rehaussant, ce qui était notre souci, l'événement. D'autre part, elle lui donnerait l'occasion de s'exprimer sur le sujet débattu du fait laïc et du fait religieux. De fait, son adresse au monde protestant a consisté en trois points : l'histoire du protestantisme conçue dans son apport à la construction de la laïcité au cours des siècles ; l'actualité du protestantisme dans les questions vives d'aujourd'hui, notamment l'organisation du culte musulman ; le rôle du protestantisme comme "vigie de la République", terme étrange, beau et noble, pointant l'horizon de la liberté de conscience, des droits de l'homme, de l'égalité et de la fraternité réelle comme l'espace où la Réforme mène depuis sa naissance le nécessaire dialogue entre la *ratio* et la *fides*, la raison et la spiritualité. »

Quand le président rend hommage à la « vitalité démocratique et intellectuelle du protestantisme capable de faire coexister des pratiques et des conceptions différentes », loue-t-il ou obère-t-il la différence visible qui anime les anciens courants historiques et les nouveaux mouvements pentecôtistes ou évangéliques ? « Je crois qu'il définit assez justement le débat permanent qui existe au sein du protestantisme entre ce que l'on pourrait nommer la conviction, l'affirmation d'une tradition de foi, et la traduction, la pratique d'une éthique d'ouverture au vu de l'évolution des sociétés. C'est la dimension programmatique même de la Réforme. Le protestantisme n'est pas seul à être traversé par ces débats que connaissent également le judaïsme et, d'une certaine façon, l'islam. »

Le président de la Fédération a-t-il pour autant le sentiment que la voix de la Réforme est entendue par le président de la République ? « Sur la convocation des états généraux de la bioéthique, manifestement puisque, comme d'autres, j'avais demandé à Emmanuel Macron de ne pas se presser sur ces sujets-là et d'ouvrir un arc. À l'inverse, on ne saurait porter à son crédit la même attention à l'extrême pauvreté et à l'exclusion d'une part, à l'accueil des réfugiés d'autre part. Par sa posture étatique, le président tend à oublier l'action auprès des plus démunis et des plus fragiles. » Et d'exalter le contre-exemple de « la fille de pasteur qu'est Angela Merkel, le cran qu'elle a eu de déclarer que l'Europe a les capacités d'accueillir 900 000 réfugiés », le courage qu'il lui attribue d'avoir résisté aux critiques et aux pressions : « Il n'empêche qu'elle l'a fait. »

Une réflexion à laquelle font écho les vingt interpellations de personnalités protestantes adressées à Emmanuel Macron et publiées en janvier 2018 par l'hebdomadaire *Réforme* dont « aidez les migrants, ayez de l'ambition pour l'Europe, attaquez le mal de l'antisémitisme à la racine » sans oublier « faites vivre une laïcité sans laxisme ». Restons avec François Clavairoly sur le dernier point. « Nous avons la chance de compter de grands spécialistes universitaires de la question : Jean Baubérot a ouvert la voie, Jean-Pierre Willaime l'a poursuivie et Valentine Zuber la continue. Leurs travaux montrent comment le christianisme, dans sa version protestante, a contribué à forger l'idée laïque que nous sommes appelés à vivre ensemble l'espace républicain, lieu non pas du *consensus* mais du *dissensus.* C'est pourquoi on peut qualifier la vision que s'en fait Emmanuel Macron de "protestante", quoiqu'entre gros guillemets car il ne s'agit surtout pas de vouloir récupérer la parole présidentielle, laquelle n'a d'ailleurs pas vocation à l'être... mais enfin ! »

On en revient à Macron. Est-il croyant ? Mon interlocuteur lève les yeux au ciel. « Dieu seul le sait. Comme pour vous et comme pour moi. Mais je vais renverser la question. Je dirais que Dieu croit en nous. » Élégante pirouette. Se révèle-t-il plus proche, alors, des religions que ses prédécesseurs ? « Il est à l'écoute et comprend. C'est le "et" qui est important. Le président Hollande, je crois, avait l'écoute mais sans la compréhension, le fait religieux étant absent de son champ de vision et de sa faculté d'interprétation car il ne participait pas de son cadre conceptuel et de ses centres d'intérêt. À la différence, dans son entourage, de Bernard Cazeneuve. » Le vrai avantage de Macron ? « C'est qu'il sait intimement que le spirituel n'est pas l'antithèse du rationnel. »

Reste la question de l'islam auquel, pour certains, le protestantisme pourrait offrir un utile miroir. Une hypothèse que minore François Clavairoly : « À chacun de se construire. Aux musulmans d'abord de trouver les équilibres internes devant la République. Et aux autres, aux catholiques, aux protestants, aux juifs, aux laïcs, à ceux qui n'ont pas de religion, de comprendre cette advenue d'un nouveau partenaire à la table commune ». L'idée de dupliquer les actions de conformation à l'État que Napoléon avait pu entreprendre à l'égard des juifs et des protestants pour accélérer leur intégration ? « Mais les musulmans eux-mêmes y résistent et ce ne serait pas jouable. Nous ne sommes plus au XIXe siècle, Macron n'est pas Bonaparte, les musulmans aujourd'hui ne sont pas dans la même situation que les juifs hier. De surcroît, nous avons oublié que l'islam fut la première religion de France au temps de l'Empire, mais aussi que la loi de 1905 n'a jamais été appliquée en Algérie. Il y a donc eu un déni et je maintiens qu'il faut tout faire pour ne pas humilier cette religion, afin qu'elle trouve dans la République, ni plus ni moins. Comme nous avons été solidaires des juifs, nous devons être, nous protestants, solidaires des musulmans. »

Il y a cependant des projets en gestation dont mon hôte doit avoir quelque idée. « L'islam est placé aujourd'hui devant deux options. La première, ce qu'on appelle l'islam consulaire, principalement de tradition algérienne, marocaine, turque, sans oublier les composantes subsaharienne et comorienne. Le problème est qu'il empêche la mise en œuvre de l'islam français. Mais gare à la construction artificielle et mon souhait, que j'ai communiqué au président de la République, est que l'on ne crée pas un grand imamat de France, chose inexistante dans la tradition sunnite, mais que l'on favorise l'émergence de "grands laïcs", intellectuels, élus, acteurs sociaux légitimes, hommes et femmes responsables et compétents. À côté de quoi doit être enfin réglée la question de la formation des imams, pendante depuis presque cinquante ans. J'espère que l'université française sera suffisamment grande pour s'ouvrir à ce vrai chantier. Il me semble que les réflexions actuelles vont un peu dans ce sens et je reste convaincu que la République est forte. »

Un mot de vigilance pour conclure ? « La conférence des cultes montre combien des relations de confiance amicale entre les responsables religieux peuvent représenter une chance pour tous. Il faut sortir de l'empêchement français qui assigne le fait religieux à une menace alors qu'il est aussi une ressource porteuse de sens. Il n'y a pas plus lieu d'opposer la diversité confessionnelle à la primauté du principe républicain, étant entendu que l'organisation des cultes doit faire droit à la loi. C'est le discours qu'a tenu le président Macron aux protestants, aux juifs, aux musulmans et aux catholiques : j'étais là, invité, lorsqu'il a demandé à ces derniers de "donner le meilleur d'eux-mêmes" et Dieu sait s'ils ont du meilleur à donner ! Une culture sans culte, c'est-à-dire sans l'autre, c'est la barbarie comme l'ont terriblement démontré les totalitarismes. J'aimerais en fait que les discours d'Emmanuel Macron fassent du bien à Caroline Fourest et à Manuel Valls car c'est le rôle au fond de la religion de relier en assumant le destin commun. »

Quant au grand discours récapitulatif sur la laïcité, promis, attendu, remis et qui ne vient pas ? « En tant que protestant, je dirais que ni nous ne connaissons, ni nous n'attendons de révélation autre que biblique et évangélique, pas plus du président Macron que de n'importe quel être humain, quel que puisse être son rang. Toutefois, dans le contexte qui est le nôtre, il serait heureux qu'une parole équilibrée revête force d'arbitrage. »

À l'ombre du philosophe protestant

Le président n'a pas été avare en rappels et citations de Paul Ricœur sans que l'on sache bien s'il évoque le bibliste protestant ou le philosophe herméneute. Il en retient surtout l'apôtre des « confrontations utiles » et des « consensus féconds » qui serait l'annonciateur de sa propre politique, mais n'invoque pas moins une relation personnelle avec ce grand aîné qui relèverait de la maïeutique : le penseur aurait « rééduqué » à la pensée l'étudiant dont il avait fait son assistant, ainsi que ce dernier le confiera à Éric Fottorino dans *Le 1* en 2015. L'intéressé insiste d'ailleurs sur la curiosité de ce recrutement uniquement dû, selon lui, au fait que Paul Ricœur le percevait d'abord et avant tout comme un « contemporain ». Sans doute, mais la « contemporanéité » immédiate du vieil homme tenait dans la perte récente de son épouse qui avait creusé chez lui un fort sentiment de solitude et que venait combler, comme d'autres compagnies, le jeune Emmanuel. Balançant entre la modestie du hasard et l'exception du sort, le récit de ce trait biographique vire aisément à la légende de la préparation à son destin du futur « philosophe-roi ».

Pour s'en faire une idée plus juste, il faut se rendre à Nîmes où réside désormais Olivier Abel. Quoiqu'il dira que non, s'il est un héritier de Paul Ricœur, c'est lui dont il a été le proche élève de même que l'archiviste zélé et c'est là, à l'ombre des arènes, qu'il s'est installé après avoir décidé un beau matin de rompre les amarres avec la vie trépidante de la capitale où il menait une riche et intense carrière intellectuelle afin « de laisser place aux autres ». Aujourd'hui, ce sexagénaire né à Toulouse et grandi à Paris, fils de pasteur, auteur de livres remarqués et à l'allure encore adolescente, est professeur de philosophie et d'éthique à la faculté de théologie protestante de Montpellier. Le temps de nous souvenir des années où il dirigeait le Fonds Ricœur et où je travaillais à une biographie de Levinas alors que lui-même croisait ces deux penseurs dans ses recherches, et nous embrayons sur le sujet du jour.

D'abord, dans quelles conditions exactes Emmanuel Macron a-t-il été l'assistant de Ricœur ? « Il était très jeune, âgé de 21 ans, venait de rater Normale sup et étudiait à Sciences Po sous la houlette de mon ami l'historien des idées François Dosse qui a joué le rôle de l'intermédiaire dans cette affaire et en a tiré un essai intitulé *Le philosophe et le Président*. Un autre de nos amis, Olivier Mongin, qui dirigeait alors *Esprit*, s'occupait également de la collection « La Couleur des Idées » aux éditions du Seuil et s'apprêtait à publier *La mémoire, l'histoire et l'oubli*, le dernier grand livre de Ricœur qui avait consacré cinq longues années à le rédiger, mais était récalcitrant à l'informatique. Or, il fallait établir les notes, les index, la bibliographie comme il sied à un tel ouvrage et ce fut à Emmanuel Macron qu'échut cette tâche. Il venait à son domicile, à Châtenay-Malabry, tous les quinze jours pour colliger et ordonner les éléments nécessaires à cet appareil. Il n'a donc pas été, selon un raccourci courant, "l'assistant de Ricœur", pas du tout, mais un assistant éditorial au service du Seuil. »

Jacques Derrida lui a été l'assistant de Ricœur, mais la relation s'était conclue sur une brouille. « C'est une histoire toute différente. Ricœur avait beaucoup d'admiration pour Derrida, mais alors qu'il s'attachait à comprendre le moindre énoncé de A à Z, il lui arrivait de dire qu'il ne comprenait pas Derrida, lequel en était très peiné. Il y avait entre eux deux une relation affective difficile parce qu'exigeante. Le jour où Derrida soutint sa thèse que Ricœur avait dirigée, il donna une fête dont Ricœur eut à partir tôt pour rejoindre l'anniversaire de son fils, ce dont Derrida fut vexé. Mais un autre jour, bien plus tard, je devais trouver Ricœur en pleurs, murmurant qu'il ne supportait pas l'idée d'avoir à survivre à Derrida ».

Et Macron ? « Ricœur aimait la franchise, la contradiction, le poil à gratter dans les relations. Néanmoins, il a été intrigué par l'attitude de ce jeune garçon, étonné par ses lettres où cet étudiant néophyte se demandait s'il ne lui fallait creuser un peu plus ici ou là, curieux du mélange d'immense respect et de relative impertinence que lui manifestait "en même temps" Emmanuel Macron. De manière générale, Ricœur a toujours un rapport affectueux avec les personnes qu'il connaissait et côtoyait. »

Va pour l'aspect biographique. Demeure l'appréciation de l'influence théorique, voire idéologique. Ou, à l'inverse, de la recherche d'une caution intellectuelle. À moins qu'il n'y aille de la réinterprétation politique d'une philosophie, alors forcément simplificatrice. Tout en fréquentant Ricœur, le jeune Macron avait entamé un DEA sur Hegel auprès du philosophe marxien Étienne Balibar et se flattait d'avoir plongé avec intérêt dans Machiavel. N'est-ce pas toutefois chez le penseur de la Bible qu'il a puisé l'intuition de la cité postmoderne comme l'espace de la religion sécularisée ?

« Il est sûr qu'il a lu Ricœur. À commencer par *La mémoire, l'histoire, l'oubli* dont il produit une recension dans *Esprit* en 2000, au moment de la parution de l'ouvrage, sorte de fiche de lecture séduisante portraiturant pour l'essentiel celui qu'il a accompagné. Il y revient, dans la même revue, onze ans plus tard, en 2011, en s'attachant plutôt aux incidences mémorielles. On en voit les traces dans plusieurs de ses discours, particulièrement lorsqu'il décrit l'identité de la France comme narrative, nourrie d'une pluralité de mémoires et de traditions dans un processus inachevé d'affluents et d'apports. Ses adresses aux religions participent de cette veine "ricoeurienne". Ce qui ne fait pas de Macron un philosophe mais inspire chez lui l'idée, là encore forte chez Ricœur, que ces pluriels ouverts ont à entrer en une conversation par principe infinie. »

Est-ce si vrai des discours où il fait état de géopolitique religieuse en expliquant les difficultés de l'Europe par sa division entre le Nord protestant et le Sud catholique ? Ou, plus malicieusement, lorsque depuis Copenhague, il oppose la mobilité des « Danois luthériens » à l'aversion pour le changement des « Gaulois [papistes] » ? « Je mettrai cela sur le compte de la flatterie diplomatique et sans doute aimerait-il que les valeurs de travail, de sérieux et de probité chères aux sociétés réformées et scandinaves pénètrent davantage en France, mais parmi d'autres et sans que son projet soit de lui imposer une identité protestante ». Intelligemment, Olivier Abel m'a précédé puisque la thèse selon laquelle Emmanuel Macron serait à la fois le produit et l'agent d'une substitution du néoprotestantisme libéral au socle français traditionnel est celle que Régis Debray a développée dans *Le Nouveau Pouvoir*. Une thèse qui le hérisse en dépit de l'amitié qui le lie au fondateur de la médiologie.

« Je pense que Debray exagère le trait et qu'il a une image toute faite de Ricœur. Celle d'un chrétien, donc d'un irréaliste et d'un pacifiste ignorant la violence de l'histoire alors que Ricœur n'a cessé de penser la conflictualité jusque dans la démocratie. Celle d'un penseur pour temps calme et époque paisible, donc pris en défaut lorsque les événements prennent une tournure machiavélique. C'est sans doute aussi une manière de laisser entendre qu'en cas de crise, il ne tiendrait pas la route alors que, pour ma part, je le sens capable de prendre des décisions rapides, et brutales au besoin ».

Mais Régis Debray voit également dans cette vague, qu'il dit être américaine et mondialisée autant que protestante, la montée d'une nouvelle énergie, d'un « sang chaud ». Et cela aussi, Abel le réfute. « L'ordre théologico-politique protestant est foncièrement horizontal. Il relève sur fond biblique du pacte, loin de la verticalité jupitérienne de Macron pour qui la France est orpheline du roi. Comme si le drame initial du “Paris vaut bien une messe” devait perdurer à jamais, comme s'il fallait inévitablement, à un moment, entrer dans l'unité monarchique du corps de la nation, ce qui n'est pas du tout l'imaginaire protestant. Debray sous-estime cette dimension de verticalité chez Macron. En revanche, avec son flair étonnant, il reconnaît un certain besoin d'un protestantisme en Europe, reproche au protestantisme historique, libéral, critique et pluraliste de manquer de chaleur, estime qu'il contribue à ce que l'imaginaire européen soit en berne et juge intéressants pour leur vitalité les apports évangéliques ou pentecôtistes. Mais j'ignore si la greffe va réussir entre le vieux monde et le nouveau monde et je suis très réservé sur ses chances de réussite ».

Le grand talent d'Olivier Abel est cependant d'appliquer sa pensée finement architecturée aux circonstances du moment. Quels signes et signaux lit-il en Emmanuel Macron qu'il dit être plus dur qu'il ne paraît ? « Pour être de France, pour aimer la France, il faut laisser au vestiaire ce que l'on est. Comment dès lors admettre la multiplicité des traditions sans agiter le spectre du communautarisme ? Désormais, comme en chaque temps de crise, les demandes de reconnaissance, et pas seulement religieuses, sont fortes. Elles durcissent sous le sentiment d'être méprisées. Si j'avais un seul conseil à donner à Emmanuel Macron, c'est de n'être jamais humiliant. Avec personne. Mais un certain macronisme confine aussi à un dégagisme teinté d'arrogance et il y a également dans l'entourage présidentiel de purs ambitieux. Or, face aux défis gigantesques que rencontre le monde, nous avons besoin d'un pouvoir fort et légitime, mais aussi ouvert à la critique, aux contre-pouvoirs. C'est ce qui manque aujourd'hui et cause inquiétude. »

Hasard et destin

Peut-être n'a-t-on pas suffisamment prêté attention au titre qu'a donné Emmanuel Macron au livre-manifeste qu'il a publié au début de la campagne des présidentielles et qui n'était autre que *Révolution*. Dans un entretien qu'il m'avait alors accordé pour *L'Arche*, le candidat d'En Marche affirmait : « Ce n'est pas moi qui décrète qu'une révolution a lieu. C'est le monde autour de nous qui en impose l'évidence. Cette révolution, nous en sommes tous témoins. Tout dans nos existences est en train de changer rapidement ; nos manières de consommer, d'apprendre, de travailler, de voyager. La société est engagée tout entière dans une mue profonde. »

C'est, de fait, à une sorte de révolution, de retournement complet que nous avons assisté en France. L'ébranlement d'un système qui s'est défait sous nos yeux. La fin brutale d'un ensemble de représentations portées par tout un personnel politique balayé en un instant. Le pivotement sur son axe de la vie nationale, mais au risque d'embardées répétées. Qu'est-ce qui est à l'origine de ce grand revirement ? Est-ce un coup de dés aveugle qui a produit des circonstances dépassant son principal acteur ? Est-ce une audace clairvoyante qui a porté un homme jeune aux fonctions suprêmes ? Quel est l'événement fondateur ? Quels sont les ressorts profonds et les mécanismes souterrains ? C'est probablement cela le plus étrange. Il n'y a pas de cause explicative. Et il n'est pas sûr que nous n'ayons, pour l'instant, connu que le premier acte d'un chambardement à l'issue inconnue.

Paul Ricœur, lors d'un entretien au magazine *Autrement,* repris dans le recueil *Philosophie, éthique et politique* paru au Seuil, avait ainsi éludé la question portant sur les raisons qui l'avaient amené à quitter un moment la France pour aller enseigner aux États-Unis : « On ne sait jamais ce qui est hasard et ce qui est destin. » Le balancement vaut pour Emmanuel Macron. Pour sa vie, mais aussi pour son mandat, passé en un éclair de l'enthousiasme de l'adhésion au marasme de l'hostilité. À concevoir le désamour comme une marque controuvée d'amour, l'élève devenu président marche-t-il encore dans les pas de son maître ?

L'imprégnation de Ricœur chez Macron est réelle, même si elle n'est pas toujours palpable, même s'il n'est pas facile d'en retrouver les traces, même s'il faut se résoudre à la penser inachevée. Parce qu'elle est à la fois d'ordre religieux et non religieux. Ou, plutôt, parce qu'elle contribue dans la pensée et l'action du chef de l'État à se concevoir comme le Prince d'une ère post-moderne où, selon la description de Marcel Gauchet, la religion n'ordonne plus la cité, mais les religions concourent à la vie en société. D'où la nouvelle séparation : la République est laïque, l'État est neutre, mais la société elle-même est composite, formée d'individus et de groupes animés par des récits religieux, des impératifs spirituels, des traditions sacrées. Soit un réservoir d'énergies utiles à un pouvoir prétendant endosser et promouvoir une révolution plus globale.

C'est donc le philosophe de la sécularisation et de l'interprétation qu'Emmanuel Macron a retenu en Paul Ricœur plutôt que l'exégète de la révélation et de la foi. Ce sont ces traces-là que l'on retrouve dans *Révolution.* Car une telle perspective qu'il faut proprement qualifier de « réforme » nécessite une méthode de confrontation et de régulation de flux qui, sinon, deviennent vite antagoniques. D'où, puisé dans Ricœur, l'éloge du compromis, distinct de la compromission : « Le compromis est toujours faible et révocable, mais c'est le seul moyen de viser le bien commun. Nous n'atteignons le bien commun que par le compromis entre des références fortes mais rivales. » Mais aussi l'idée que l'action est toujours rédemptrice, qu'elle peut toujours modifier le cours des choses, qu'il n'y a pas de fatalité historique. Une sorte de conviction pragmatique dans la capacité d'autorégénération de la démocratie, ainsi que l'ont postulée les Lumières et comme le pense François Clavairoly. Un Ricœur penseur d'un progressisme sans dogme en somme, agnostique et en cela apte à accueillir toutes les croyances dès lors qu'elles entrent dans ce pacte politique.

Les parallèles s'arrêtent là. Une première différence, sur laquelle aura beaucoup insisté Olivier Abel, est l'importance chez Paul Ricœur de l'utopie critique, de l'imaginaire dynamique, de l'exploration du possible qu'Emmanuel Macron aurait confondu avec la production idéologique. Chez le philosophe protestant, tout est révisable, l'opinion, le concept, la syntaxe, car il n'y a pas de savoir politique. Mais ce n'est pas pour y substituer le savoir-faire de la communication qui n'est jamais qu'un faire savoir. L'urgence, pour Ricœur, s'inscrit dans la durée. C'est l'utopie qui corrige l'idéologie et non pas l'inverse.

Une autre différence porte sur l'appréciation précisément du fait révolutionnaire ou de ce qui s'y apparente. Paul Ricœur a vécu Mai 68 comme une blessure. Humilié à Nanterre par des étudiants qui lui ont renversé une poubelle sur la tête, sidéré par ce mouvement de révolte qui a commencé dans sa propre faculté, il s'est exilé à l'étranger, à Chicago, où il a pu renouer en paix avec ce que la recherche et l'enseignement ont de contemplatif. Cinquante ans plus tard, fin décembre 2019, lors de la prestation télévisée des vœux aux Français, le visage défait de son lecteur revendiqué qu'est l'actuel président de la République marquait ce que la logique des humiliations a de versatile : même si figurativement, par l'entremise d'un mannequin en papier, c'était à une décapitation du chef de l'État qui avait rêvé de restaurer une verticalité toute monarchique que venaient de procéder certains gilets jaunes. Non seulement l'exil est impossible pour Emmanuel Macron, mais de surcroît il aura vu se retourner contre lui l'image idéalisée qu'il a souvent mise en avant de la « révolution » 68.

Enfin, la différence ultime est d'ordre existentiel. Paul Ricœur était un philosophe passionné par la Bible, la Réforme, le christianisme pour qui la foi était cruciale car lui-même se concevait aiguillonné par elle et n'y voyait pas un objet ordinaire ou indifférent. Emmanuel Macron est un politique sécularisé qui ne présente aucune forme de conviction religieuse ou consent à l'évoquer seulement comme un hasard passé de son destin promis à d'autres horizons. Détestant les étiquettes, Paul Ricœur ne voulait pas être catalogué comme un « philosophe protestant ». Il en allait pareillement pour Emmanuel Levinas qui, outre la même aversion pour Mai 68, refusait d'être enfermé sous le label de « philosophe juif ». Le président aime les citer tous deux et souvent de conserve, ce qui est naturel tant l'un et l'autre entretenaient une grande proximité amicale. Certes leurs pensées respectives se faisaient écho. Mais c'était d'abord parce que Ricœur et Levinas, ensemble, partageaient la même certitude que, sans hasard, le destin de l'humanité se décide à l'écoute de l'Éternel.

Paroles de rabbin

Autant Gilles Bernheïm était austère, renfermé, pénétré de sa charge, autant Haïm Korsia est chaleureux, volubile, et visiblement content d'occuper la charge de grand rabbin de France. Les tristes faux pas de son prédécesseur l'ont fait subitement accéder aux fonctions qui sont les siennes aujourd'hui, mais il les exerce avec un plaisir communicatif, un doigté certain, un zeste de références bibliques et talmudiques ainsi qu'une pincée d'humour agrémenté de petites blagues dont il se montre prodigue. Ce bon savoir-faire, il l'a accumulé au fil d'années d'expérience diverses en fervent disciple du grand rabbin Kaplan auquel il a consacré une biographie.

Jadis, Haïm Korsia fut très proche de Jacques Chirac qui l'appelait *rabbinou*, « mon petit rabbin », et appréciait la compagnie de cet ancien aumônier militaire. Naguère, il officiait sur une chaîne du câble où sa faconde faisait des bulles et ses saillies étaient attendues dans une émission réunissant les trois monothéismes qu'il animait aux côtés du père Alain de La Morandais et du regretté Malek Chebel. Aujourd'hui, il montre le même talent dans le dialogue institutionnalisé entre les cultes et il est réputé entretenir d'excellentes relations avec Emmanuel Macron qui le consulte de temps à autre, moins qu'on ne le dit mais plus qu'il veut bien l'avouer lui-même, ayant la prévenance et la coquetterie de se défendre d'un quelconque privilège quand on l'interroge à ce sujet.

Me recevant à son bureau au-dessus du Consistoire, entouré d'une nuée d'assistantes qui y entrent et en sortent, le grand rabbin Korsia garde en mémoire le premier discours de vœux aux autorités religieuses prononcé par le président Macron le 4 janvier 2018. « Un jalon formidable ! Il nous dit en gros ce qu'il avait dit aux musulmans dans le cadre du CFCM, aux protestants à l'occasion de l'anniversaire de la Réforme, et qu'il redira aux juifs pendant le dîner du CRIF puis aux catholiques, lors de la rencontre des Bernardins : qu'il nous recevra, qu'il nous écoutera, que nous discuterons et travaillerons ensemble car il a besoin de définir un axe nouveau tout en insistant avec pédagogie sur la ligne simple que représente la neutralité de l'État et que la France n'a jamais changé là-dessus. Il ne s'agit pas de soumettre le calendrier profane au calendrier religieux, mais d'agir avec intelligence pour garantir la pratique. Il est dans une laïcité intelligente. »

Ou serait-ce qu'il applique son intelligence du pouvoir à ce domaine comme à d'autres ? Le grand rabbin ne tarit pas d'éloges sur le président : « Il surprend. Il est l'un des rares à dire ce qu'il va faire et à faire ensuite ce qu'il a dit. C'est quelque chose de l'ordre du respect de la promesse, de l'engagement projeté dans le futur. Pendant des heures, il peut se taire, écouter, noter, et à la fin, avec verve, dresser une incroyable synthèse. Il a cette capacité qui est un don et il y a une grande leçon à tirer de cette façon de procéder qui est nouvelle. » Voit-il souvent le chef de l'État ? « Non. La théorie des deux corps doit prévaloir : "un roi qui renonce à ce qu'on l'honore, son honneur est négligeable" dit la tradition juive. Chacun son rôle, il y a les conseillers de l'Élysée, les ministres, leurs compétences, leurs cabinets. Avec les parties prenantes de notre écosystème, notre tâche consiste à défendre à la fois ce qu'est le judaïsme et ce qu'est la France. Dans ce contexte-là, il serait contre-productif de se tromper de partenaires ». Je réattaque la question par l'autre versant. Les références spirituelles chez

Emmanuel Macron sont multiples et il n'en fait pas mystère. En revanche, il est discret sur son rapport à la foi. En parle-t-il lors de leurs dialogues ? « Le terme de "référence" est le bon. C'est un homme espérant. Croyant ? Je ne suis pas expert, je dirais qu'il est en recherche de la profondeur, qu'il éprouve le besoin de la transcendance, qu'il veut donner du sens à ce qu'il fait et dit, que cette quête définit chez lui le politique ».

Et ce, à la différence de son prédécesseur, guère sensible au fait religieux ? Le grand rabbin de France dénie vigoureusement l'idée que l'ancien locataire de l'Élysée ait pu faillir sur ce sujet, à tout le moins dans son rapport avec les juifs français. Il se récrie et bat le rappel de ses expressions fétiches : « Non, il faut dire que François Hollande a été formidable pendant les attentats et qu'il a eu des mots d'une justesse incroyable. Manuel Valls a fait montre de courage prophétique et Bernard Cazeneuve, de force de caractère. *Kisso, kosso, kaaso* en hébreu, "on connaît un homme par sa poche, par son verre, par sa colère" : ce gouvernement nous a aidés, nous a protégés, a assuré et financé la sécurité de nos synagogues, de nos écoles, de nos centres, a décrété le plan de lutte contre l'antisémitisme et je ne saurais en dire du mal ».

Pour autant, lorsqu'Emmanuel Macron s'inquiète d'une « radicalisation de la laïcité », il semble bien désigner et stigmatiser un courant dont Manuel Valls est la première figure d'incarnation politique. Haïm Korsia élude la personnalisation mais convient d'une certaine proximité de vues : « Ce n'est pas parce qu'à la différence de la radicalité terroriste, la radicalité laïciste ne tue pas qu'elle est plus supportable ou moins dangereuse pour l'unité de la nation. C'est un dévoiement et on devrait inventer un terme nouveau pour qualifier cette pratique. Quand en 1905 il invoque une loi de liberté, Aristide Briand entend que la laïcité relève de l'apaisement et non pas du combat. »

Précisément, l'heure est venue d'aborder les motifs de discordance que j'ai également soumis à ses homologues. La bioéthique ? « Le jour où on institutionnalisera l'euthanasie en France, ce sera très grave. Je pense que, sur ce sujet, la loi Léonetti est parfaite. Pourquoi y toucher ? J'en ai marre que l'on touche à la législation ! » Les migrants ? « Il y a d'abord l'article essentiel de la Bible que je ne cesse de rappeler : "Tu aimeras l'étranger car tu as été étranger en terre d'Égypte." Mais après, comment l'accueillir ? Il y a ensuite le pragmatisme qui ordonne la forme de l'accueil et l'attention à cette donnée ne m'étonne pas chez Macron, longtemps disciple de Michel Rocard et conscient comme lui que si la France ne peut pas accueillir toute la misère du monde, elle doit cependant y prendre toute sa part. Le fait d'avoir occulté ce double principe est finalement utilisé par certains pour postuler que l'on ne fait rien. »

Cette longue suite de convergences expliquerait donc le mot que rapporte Anne Fulda dans son essai biographique et qu'elle place dans la bouche du grand rabbin : « Macron, c'est Bonaparte », l'homme des concordats. Pas du tout, me répond-il, ce n'était pas à la régulation napoléonienne des cultes qu'il pensait, mais à l'aventure proprement bonapartiste de la conquête du pouvoir par un jeune homme qui rend caduque l'ancien système et en invente un nouveau. Dont acte. Néanmoins la fondation du Consistoire, la réunion du Sanhédrin et le lancement d'un grand questionnaire, est-ce une méthode qui serait pertinente aujourd'hui à l'égard de l'islam ?

« Gérard Collomb a été à la manœuvre en menant des actions similaires censées préparer de futurs états généraux. Mais qu'entend faire la communauté musulmane ? Comment veut-elle s'insérer dans la République ? C'est à elle de répondre. Dans notre cas, la citoyenneté française, qui datait de 1791, n'était pas ancienne, mais l'implantation l'était. Les juifs portugais étaient là depuis trois siècles, les juifs d'Alsace-Lorraine, les juifs de Paris, les juifs du Comtat Venaissin depuis bien plus longtemps. Le problème de l'intégration ne se posait pas. Dans le cas des musulmans, il s'agit de transcender la provenance géographique, entre originaires du Maroc, d'Algérie, de Turquie, d'Afrique subsaharienne, des Comores, et d'en faire une appartenance patriotique à ce qu'est la France. Le principe et le moyen les plus immédiats consistent à responsabiliser les gens. »

Les musulmans y sont-ils prêts ? N'y voient-ils pas une mise à l'épreuve ? « Ils le veulent parce qu'ils se sentent en déficit d'intégration et en manque d'équité. Jusqu'en 2005 et l'arrivée des imams dans les armées, nous les rabbins nous gérions le casher-halal. Répondant aux besoins, nous faisions fabriquer des barquettes conformes aux critères de l'islam. J'ai vu alors le bonheur de certains musulmans à non pas bénéficier d'un service, mais à être reconnus. C'était une nécessité. Cela demeure une nécessité ». Inutile d'ajouter que pour Haïm Korsia, là est l'essentiel de bonne volonté qu'il prête à Emmanuel Macron envers toutes les religions.

Dîner au Crif

Le mercredi 7 mars 2018, Francis Kalifat, le président du Conseil représentatif des institutions juives de France, accueille Emmanuel Macron, le président de la République française, pour le 33e dîner du Crif qui a lieu au Carrousel du Louvre, lieu symbolique s'il en est où dix mois plus tôt des dizaines de milliers de personnes se sont rassemblées pour fêter l'élection du nouveau chef de l'État. C'est depuis 1985 que se tient ce rendez-vous annuel à l'initiative de l'organisme né sous la Résistance qui chapeaute un grand nombre d'associations juives de France et qui entretient avec les pouvoirs publics un dialogue continu sur les sujets relatifs au judaïsme français, à la lutte contre l'antisémitisme et aux questions mémorielles. C'est depuis 2008, avec la venue ès-qualité de Nicolas Sarkozy, qu'il est devenu d'usage pour les présidents de la République de s'y rendre.

Emmanuel Macron commence par citer Théo Klein, l'inventeur de ces dîners, sur « la positivité du judaïsme dans la France d'aujourd'hui », puis le mot du père d'Emmanuel Levinas à l'adresse de son fils : « Un pays où l'on se déchire sur le sort d'un petit capitaine juif, est un pays où nous devons aller sans attendre. » Plongeant dans les polémiques culturelle et éditoriale du moment, il distingue l'inscription de Charles Maurras au calendrier des commémorations nationales (« L'occulter, c'est lui donner une place étrange ») de la republication annoncée des pamphlets antisémites de Céline (« Vous avez compris, je crois, de quel côté j'inclinais ») non sans évoquer en contrepoint René Cassin, « français, républicain et juif », à l'occasion du 70e anniversaire de la Déclaration universelle des droits de l'homme dont cette figure de la Résistance fut le principal rédacteur. Cette galerie de portraits revisités encadre ses considérations sur la montée de l'antisémitisme (et « la faute morale du déni ») et sur la nécessité d'encadrer Internet (et « la déferlante de haine ») de même que sur le Proche-Orient, annonçant une saison croisée avec Israël, tout en jugeant inopportune la reconnaissance de Jérusalem comme capitale de l'État hébreu par Donald Trump.

Si la retenue sur Maurras et Céline trouve pour contradicteurs Serge et Beate Klarsfeld, récipiendaires du prix décerné à l'occasion du dîner, et si la position mitigée sur Jérusalem n'est pas du goût de tous, le président Macron a su néanmoins gagner l'amitié des convives par sa conviction affirmée : « Quels que soient les jours, vous vous souviendrez qu'il y a une détermination à la tête de l'État, mais vous vous souviendrez aussi qu'il y a ce pacte séculaire entre la République et les juifs, qui est ce pacte pour l'universel et pour l'espérance, et cela, aucun vent mauvais ne peut l'enlever. »

Allons au *making of* et au *sequel* de l'événement avec Francis Kalifat. Né à Oran, en Algérie, fils d'un fonctionnaire de police, ayant passé une partie de son adolescence à Trappes avant de s'installer avec sa famille à Versailles, ce chef d'entreprise, proche de Théo Klein puis de Roger Cukierman, son immédiat prédécesseur, est le deuxième séfarade à accéder à la présidence du Conseil après Vidal Modiano qui fut élu à ce poste en 1950. Je le retrouve au Kavod, un restaurant sur les Champs-Élysées, le sachant d'ores et déjà sensible à « l'empathie » qu'Emmanuel Macron montre à l'égard « de la souffrance de la communauté juive ces derniers temps dans notre pays ». Quoique, pour lui, Nicolas Sarkozy et François Hollande avaient la même « appréciation du rôle des juifs en France et de leur présence ». L'amélioration qu'il note est le volet éducatif, manquant dans le gouvernement précédent alors qu'il gratifie Jean-Michel Blanquer d'une vive conscience de l'ampleur du problème de l'antisémitisme à l'école. Pour le reste, il regrette que les plans nationaux de lutte comportent trop souvent des visées à court terme et ne recourent pas suffisamment à la pénalisation.

C'est le même mot d'« empathie » qui lui vient pour qualifier la relation d'Emmanuel Macron au fait religieux. Une empathie qui, pour lui, n'entraîne pas d'« ambiguïté » car elle ne porte aucun « coup de canif » à la laïcité dont il est par ailleurs le garant. « Je suis proche, personnellement, de sa conception positive. D'une part, il n'y a pas lieu de nier l'existence des religions ou de les exclure du débat public car elles portent un message d'intérêt général. D'autre part, être catholique, protestant, musulman ou juif ne dispense pas d'une posture et d'une attitude citoyenne. Certes, il y a des désaccords, mais ils n'empêchent pas les débats et il revient en dernier lieu au président de les trancher. »

Neutralité de l'État, certes, égalité du croyant et du non-croyant dans les limites du droit, certainement, principe de laïcité pour sûr. Mais encore ? « Je considère que la France a une histoire chrétienne et que vouloir, par attachement à la laïcité, exclure tous les symboles qui font la France, est une absurdité totale. C'est ce que j'appelle la laïcité négative. Que l'on expose une crèche ou un sapin dans une mairie ne me dérange pas et ne devrait d'ailleurs déranger personne car ce sont des attributs de la tradition culturelle et parce que Noël, par-delà sa signification religieuse et chrétienne, constitue une fête pour une grande partie des Français. Il n'y a pas lieu de changer cet usage coutumier ». Et la loi de 1905 ? « Elle ne doit pas plus bouger. »

C'est là, par la question du devenir de la loi de Séparation, que nous rejoignons la question de l'islam. « Ce n'est pas à nous de donner un avis sur son organisation de l'islam, cela n'aurait pas de sens. Nous pouvons, si on nous le demande, mettre à disposition l'expérience bénéfique du judaïsme en la matière mais qui ne saurait être simplement décalquée ». Mais au regard de l'attachement à 1905 ? « Afin que la formation des imams puisse se faire en France et qu'elle ne soit pas sous la coupe des financements étrangers, il suffirait de créer une école répondant à cette difficulté en territoire concordataire, laquelle ne représenterait pas une entorse à la laïcité puisqu'on serait en territoire concordataire et qu'ainsi le principe de laïcité serait sauf».

Pour autant, tout en notant le caractère volontaire et suivi des relations du Crif avec les diverses associations qui représentent l'islam en France et non sans rappeler que lui-même s'est toujours porté en défense des fidèles lorsqu'ils étaient injustement attaqués, Francis Kalifat évoque les hauts et les bas qui président les rapports avec le Conseil français du culte musulman, le CFCM, en dépit de nombreuses réalisations communes: «Une première difficulté est survenue au moment où l'UOIF est entrée en son sein.» Ce qui se comprend vu l'idéologie prosélyte découlant des Frères musulmans que véhicule cette branche. «Aujourd'hui, même si l'amitié reste de mise avec son actuel président, Ahmet Ogras, les liens se sont distendus de son fait. Or, c'est commun de le dire, pour danser le tango, il faut être deux à en avoir le désir ou à en saisir l'urgence. Mais on voit bien aussi que le CFCM est inquiet de la place qui sera la sienne dans la réforme à venir et les relations paraissent également s'être refroidies avec l'Élysée dès lors que le président de la République a constaté la nécessité d'une représentation élargie de l'islam, mon souhait personnel étant d'ailleurs que la communauté islamo-africaine, qui est sans grands soutiens et moyens, soit mieux prise en compte. »

Ces prévenances et ces attentions font écho à celles que l'on peut entendre du côté des catholiques et des protestants. Cependant le président du Crif tient à souligner sa différence : « À notre dîner, son discours est plus sociétal que religieux. C'est au nom de la République et au nom de toutes les composantes de la République que l'État lutte contre l'antisémitisme. Quand le président Macron doit s'entretenir des lois bioéthiques, il s'adresse au grand rabbin de France, Haïm Korsia. Il fait de même avec Mgr Pontier ou le pasteur Clavairoly. L'État est neutre et il est en réalité le ciment du vivre ensemble des religions. Dans tous les cas, telle est aujourd'hui l'ambition première ».

Fêter Pourim

Simone et Antoine au Panthéon. Nous sommes le 1er juillet 2018. Un soleil radieux inonde la place. Du chœur montent en hébreu *El Maleh*

Rahamim, la prière des morts, puis *Eli, Eli, Shelo yguamer leolam !*, supplique poétique intimant au prophète de faire en sorte que jamais ne finissent le sable et la mer. On entend, depuis le carré réservé à la presse, les journalistes de *France 24* dérouler en arabe la destinée de cette grande dame. Suivent *L'hymne à la joie*, le dernier mouvement de la neuvième symphonie de Beethoven vibrant sous le violoncelle de Sonia Wieder-Atterton, *Nuit et brouillard* de Jean Ferrat, *Le chant des Marais*, l'hymne des déportés, et le grand discours d'Emmanuel Macron, martelant que « la vérité du martyr juif fait partie de l'histoire de France, comme la Résistance fait partie de l'histoire de France » non sans rendre hommage, afin de n'oublier personne, à Mgr Saliège et aux pasteurs « qui ont fêté Pourim en secret » avant que ne survienne *La Marseillaise* qui fend l'air par la voix grandiose de Barbara Hendricks.

Pourim ? C'est cette fête du calendrier hébraïque qui, à la suite du Livre d'Esther, commémore l'antique sauvetage du peuple juif, promis à l'extermination par les Perses, et où la liesse de la délivrance l'emporte. Le concert à vocation universelle célébrant l'entrée de Simone Veil et de son époux au Panthéon, mais aussi une certaine image de la France selon Macron, retentit encore en moi alors que je remonte une rue retirée du VIIe arrondissement parisien. Une fois franchi le portail vert en fond de cour, mon hôte en bras de chemises, courtois et chaleureux, me reçoit dans sa bibliothèque et m'offre le café qu'il a lui-même préparé. C'est la première fois qu'un baron me sert et, dois-je l'avouer ?, moi qui ne tiens pas le métier de banquier pour le meilleur du monde, ni pour un grand art, j'ai un faible pour celui-là. La discrétion faite homme : lors du dernier dîner du Crif, l'ancien employeur du président de la République avait demandé à être assis à l'écart de la table d'honneur, mais l'Élysée avait placé d'office David de Rothschild à la droite de la Première dame.

Je suis venu voir le président de la Fondation pour la mémoire de la Shoa qu'il est aussi, élu à l'unanimité à ce poste qu'il n'aurait pas accepté si une seule réserve avait été émise à son encontre et où il succédait à Simone Veil. Il m'avait alors confié que, parmi ses projets, il souhaitait favoriser le dialogue entre juifs et musulmans en France. Le temps a passé, le monde a changé, où en sommes-nous ? « Sur ce plan, il faut reconnaître que peu est advenu, mais aussi que les circonstances n'y ont guère contribué. Quelle est la réalité ? Ceux qui sont animés par l'esprit d'inimitié peuvent penser qu'il y a trop de juifs ou trop de musulmans en France. Mais au fil du temps que reste-t-il dans l'esprit du grand nombre ? Un juif modéré, un musulman modéré ? Les gens indifférents au fait religieux ne voient plus que les extrêmes. Aussi toute initiative pacifique démontrant qu'il est des valeurs communes est-elle à prendre. Un exemple qui n'a rien d'extraordinaire ? J'ai reçu une lettre de sollicitation de la part de Jean-Pierre Chevènement au titre de la Fondation de l'islam de France. Il souhaitait une aide de la banque, ce qui est normal, nous avons réuni à cet effet une dizaine de personnalités et nous allons voir si nous pouvons créer un site internet que parraineraient les deux fondations ».

Cette logique des petits gestes est chère à mon interlocuteur qui regrette qu'elles ne se multiplient pas afin d'« irriguer » l'entière société. Une vue utopique ? « Depuis très longtemps dans notre pays, nul ne proclame que les catholiques ne peuvent vivre avec les protestants ou les chrétiens avec les juifs. Eh bien, il y a des terroristes et il y a des musulmans, lesquels sont de manière écrasante ravagés eux-mêmes par cette violence. On ne peut pas ne pas intégrer ce fait. » Et David de Rothschild de continuer son exhortation : « Longtemps, à Sarcelles par exemple, les gens d'horizons différents ont vécu sans heurts. Pourquoi ne pas retrouver cet esprit ? Moi-même, au cours des dix-huit années de mon mandat de maire à Pont-L'Évêque, commune de 5 000 habitants, je n'ai jamais eu à traiter d'un sujet à caractère religieux. Certains allaient au culte, d'autres pas, mais tous se préoccupaient de l'emploi, du logement, de la salubrité quotidienne. D'où ma vision primaire : la croyance est une affaire privée, et plus la laïcité est rigoureuse, plus la religion est respectée. »

Qu'est-ce alors une conception rigoureuse du fait laïc, sinon le respect des fondamentaux de la République librement reconnus et endossés par tous ? « Oui, mais dont parmi ces principes qui font la nation, la responsabilité qu'a l'État de garantir la liberté des cultes. Que l'on dynamite une synagogue et c'est l'affaire de l'État. Que les institutions juives s'organisent à leur manière, que les rabbins définissent l'orthodoxie à leur façon, et ce n'est pas l'affaire de l'État. Chacun chez soi ». C'est sans doute minorer la ligne de partage entre les partisans de l'intransigeance et du compromis, les batailles qu'ils se livrent autour des signes ostentatoires et qui divisent l'opinion. De même que la volonté qu'a l'actuel chef de l'État de précipiter la structuration de l'islam de France. « Ne croyez-vous pas, je vous renvoie la question, que l'État en vient à se mêler de ce qui ne relève pas de son rôle au prétexte d'une certaine inertie ? Si nous avions aujourd'hui des réformes majeures à mener au sein des institutions juives, nous les ferions sans demander la permission du ministère de l'Intérieur et s'il s'agissait d'inventer des voies novatrices, on ne viendrait pas me consulter alors que j'ai 75 ans. L'islam a besoin de voir émerger de jeunes *leaders* à même d'opérer ce tournant car ceux qui prétendent le représenter sont trop souvent à bout de course. On peut encourager ce mouvement, mais attention à ne pas sortir de l'axiome de la séparation. »

Pour qui y verrait une critique voilée du pouvoir en place, David de Rothschild choisit de s'attarder sur les étonnantes qualités d'intelligence et de travail qu'a pu manifester le gérant puis l'associé qu'a été auprès de lui Emmanuel Macron. C'est son père, Guy, qui a inauguré avec Georges Pompidou la tradition d'un locataire de l'Élysée passé précédemment par la banque familiale. « Oui, plaisante mon hôte, d'ailleurs je dis à Alexandre, mon fils et successeur, qu'il a quelques années devant lui pour se trouver à son tour un président» (rires). Avant de reprendre et de conclure sur un ton plus grave : « Ce qui est nouveau en France, mais aussi en Europe, tient dans l'apparition d'une société multiculturelle. Le Français, spontanément, n'en est pas fanatique. La France ne s'est pas construite comme les États-Unis. Les structures religieuses ne sont pas les mêmes. Que reste-t-il à faire alors ? Soit se fondre dans cette dynamique en espérant qu'elle se développera pacifiquement, soit se revendiquer de cet éclatement en souhaitant qu'il se durcisse conflictuellement. Mais si chacun en vient à revendiquer son ghetto et sa frontière, un tel repli ne saurait constituer un avenir. »

Au banquet de l'Iftar

Ce sont les rudes interrogations du présent qui rendent le futur indiscernable. Les responsables catholiques, protestants, juifs que j'ai rencontrés s'accordent peu ou prou sur la pointe de l'actualité : la question de l'organisation de l'islam domine le paysage religieux mais il revient aux musulmans d'y répondre et, pour l'avoir porté sur son agenda de manière volontariste, Emmanuel Macron en a fait un critère de jugement quant à sa volonté de rénover la relation entre l'État et les religions en France. Or, là aussi, l'incertitude prévaut. À son habitude, le président de la République s'est tourné vers l'un de ses alter ego générationnels à la formation littéraire et managériale, à la carrière financière et politique, à la capacité de transiter entre droite et gauche qui, de surcroît, est de culture musulmane et tunisienne par son père, protestante et française par sa mère : prédestiné à l'« en même temps », Hakim El Karoui, auteur chez Gallimard de *L'islam, une religion française*, a produit un projet de réforme institutionnelle axé sur les mécanismes économiques qui séduit surtout hors des cercles concernés et qui, pour l'heure, subsiste à l'état de rapport suspendu à la décision élyséenne.

Il me fallait les voir tous deux puisqu'ils se sont succédé à la présidence tournante du Conseil français du culte musulman, le CFCM. Non pas ensemble mais séparément car ce système fédératif fondé sur une répartition rotative des pouvoirs indique assez l'univers contrasté, si ce n'est morcelé, auquel il renvoie. De plus, les deux hommes diffèrent pour beaucoup, en provenance et en tempérament, mais aussi en vision. Ils n'ont d'immédiatement en commun que leur formation : diplômé des Ponts et chaussées, Anouar Kbibech est ingénieur en télécom pour le compte de SFR – « C'est le prix de mon indépendance » glissera-t-il en souriant. Également ingénieur, diplômé pour sa part de l'INSEA de Toulouse, Ahmet Ogras a travaillé chez l'équipementier automobile Valeo avant d'ouvrir une agence de voyages qu'il me fera visiter au pas de course – « Une clientèle d'abord communautaire » précisera-t-il.

Né à Meknès, au Maroc, Anouar Kbibech a fondé le Rassemblement des musulmans de France avant de devenir président du CFCM, poste qu'il a occupé de 2015 à 2017. Il m'a donné rendez-vous à 20 heures, un soir de septembre, à la mosquée de Paris, autour d'un verre de thé, après une journée de travail. Rond, sympathique, jovial derrière sa moustache en guidon de vélo, costume sombre, chemise blanche ouverte, il paraît un peu surmené, mais a réponse à tout et ne se laisse pas surprendre.

Les versets du Coran ? Il en est en abondance, juge-t-il, qui plaident pour la concorde, le dialogue et l'altérité. Les rencontres interreligieuses ? Il se plaît à raconter, hors micro, que Joël Mergui, le président du Consistoire israélite, et lui sont natifs de la même ville, que sous le quinquennat précédent, François Hollande leur avait demandé de l'accompagner auprès du roi Mohammed VI pour la signature d'un accord binational sur la formation des imams. Ils sont passés par Tanger et il s'est fait un plaisir d'y faire visiter à son collègue la dernière synagogue en exercice. L'islam radical ? Il reconnaît que « des lectures extrémistes, des interprétations erronées de certains versets peuvent expliquer cette violence ». La prière pour la République ? Mais elle existe déjà dans les mosquées lors des cérémonies officielles. La politique ? Sarkozy connaissait ses dossiers mais a cherché à « prendre la pose » avec les musulmans qui fut celle de Bonaparte envers les juifs deux siècles plus tôt. Chez Hollande, les religions consistaient en un « angle mort » de la République. Des trois, celui qui veut vraiment innover, c'est Macron.

Seulement, si j'ai bien compris, tout le monde a le président à l'œil et personne, au CFCM, n'est vraiment disposé à lui accorder un blanc-seing pour qu'il procède à sa guise. Impression que corrobore le moins consensuel Ahmet Ogras que je retrouve à la terrasse du café Le Coq d'or à deux pas de son agence, rue du faubourg Saint-Martin. Il arrive de la gare de l'Est, vêtu d'un tee-shirt vert et d'un jeans délavé, arborant un calot blanc en tricot qui tient du galurin et de la *chechia* et, restant sur ses gardes, s'enquiert de la nature de mon enquête. Né en Turquie, arrivé enfant en France, réputé proche de Recep Tayyip Erdoğan par l'entremise de la section française de l'Union des démocrates turcs européens (UDTE) qu'il a cofondée, il a été également président du Comité de coordination des musulmans turcs de France (CCMTF), connu entre autres pour son opposition à la reconnaissance du génocide des Arméniens, page qu'il dit avoir tournée. De même qu'il conteste que son accession à la présidence du CFCM, le 1er juillet 2017, marquerait une consolidation des options les plus conservatrices.

Tout en se montrant plus que sceptique sur le rapport El Karoui, Ahmet Ogras paraît soucieux de ne pas rompre les ponts avec Emmanuel Macron et s'efforce de rester balancé à son sujet, maniant tantôt l'éloge et tantôt la réserve. Déterminé à ne laisser personne « cornériser » le CFCM ou le contourner sur tous les sujets relatifs à l'organisation du culte musulman, il insiste sur la dimension forcément « collégiale » de l'institution qui, via la Grande mosquée de Paris et l'inamovible Dalil Boubaker, inclut également la troisième puissance que représentent les fidèles liés à l'Algérie.

C'est de cette complexité dont le président de la République ne peut que prendre la mesure lorsque, le 21 juin 2017, une semaine après son élection, il participe au dîner du CFCM à l'occasion de la rupture du jeûne du Ramadan. Il l'avait promis à ses interlocuteurs pendant la campagne et il tient sa promesse. L'événement a lieu aux salons Hoche à Paris où le chef de l'État commence par saluer chaleureusement Anouar Kbibech qui termine sa présidence, laquelle suit celle de Dalil Boubaker et précède celle d'Ahmet Ogras, également présents comme il se doit.

S'impose, selon ce qui deviendra la coutume, un discours fleuve destiné à demeurer mémorable. Sur fond des terribles attaques terroristes qui ont frappé au cœur le pays avec pour objectif de creuser un fossé entre les Français de toutes croyances et les Français de confession musulmane, Emmanuel Macron salue le travail accompli mais souligne le chemin qui reste à accomplir. Il rappelle que l'État a encouragé et accompagné la structuration des aumôneries musulmanes dans les établissements pénitentiaires et hospitaliers ainsi qu'au sein de l'armée, notant en se tournant vers Haïm Korsia, invité à cette rencontre, l'exemple donné dans ce domaine en matière de formation, de communication et de dialogue avec les autres cultes. Sur la formation des imams, il se veut clair, sait et dit qu'on ne saurait faire des comparaisons avec les autres cultes, mais que l'enjeu est simple : elle doit se dérouler, martèle-t-il, sur le sol français et de façon conforme aux valeurs de la République. Ce sera là aussi, lance-t-il à l'adresse de son ministre de l'Intérieur, Gérard Collomb, « l'un de vos défis » avant de se retourner vers l'auditoire : « Ce combat, vous l'avez compris, vous en avez votre part et c'est cela que j'attends de vous. »

Les grands marqueurs de ses futurs discours aux autres représentations religieuses sont jetés. Mais là, plus particulièrement, tout en rendant hommage aux actions entreprises pour lutter contre le fanatisme, il alerte sur un risque qui lui paraît majeur : « Il faut être extrêmement vigilant, chacun dans ses responsabilités, contre tout ce qui façonne des formes de repli identitaire, parce que fonder son identité politique et sociale sur sa seule foi, c'est au fond admettre que sa foi n'est pas compatible avec la République. C'est le revers symétrique d'un discours d'exclusion, et c'est un vrai combat politique de part et d'autre, au sens le plus fort du terme, que de les combattre au nom même de la conviction ». Et de caractériser sa pensée : « Personne en France ne doit être victime d'une forme quelconque d'assignation, qu'elle soit sociale, géographique ou de conviction. » Revenant sur sa fameuse sortie alors qu'il était dans le gouvernement Valls et où il insistait sur un certain déterminisme expliquant à son sens le djihadisme, le président Macron dit exactement l'inverse de ce qu'avait affirmé le ministre Macron.

« Le dialogue entre le CFCM et l'État est encore riche de défis et d'échanges futurs. Je n'en sais guère aujourd'hui qui soit plus essentiel à notre République, ni sans doute plus urgent » conclut le chef de l'État. Essentiel et urgent ? Cela n'empêchera pas Emmanuel Macron, l'année suivante, de ne pas être présent à la cérémonie de l'*Iftar* du 12 juin 2018, absence d'autant plus remarquée qu'il avait promis une série d'annonces quant à l'organisation du culte musulman « au premier semestre » de cette même année. Ni le président ni le Premier ministre, annoncé un moment, ne seront finalement présents au dîner du CFCM. Seul le ministre de l'Intérieur, Gérard Collomb, fera une furtive apparition et prendra la parole au nom du gouvernement. Signe de la mise au ban du CFCM ? Signe qu'on prépare une réforme de l'islam de France qui ne passe pas nécessairement par cette institution ? Signe que l'organisation peine décidément à séduire ? Les représentants du CFCM se diront « déçus » pour les uns, « vexés » pour les autres. Comme un rendez-vous raté pour tous.

Nœuds théologico-politiques

Anouar Kbibech, pour sa part, se souvient avec satisfaction de la première absolue qu'a représentée cette rencontre. « Ce fut un discours consistant, en rien de circonstance ou d'amabilité, portant le souci du président Macron de donner sa vision de la place du culte musulman en France et de préciser les attentes de la société française et des pouvoirs publics vis-à-vis du CFCM. Surtout, au sujet de la radicalisation, il a insisté sur le fait qu'il y allait d'une bataille théologique et idéologique que personne ne pouvait mener en lieu et place des musulmans eux-mêmes. »

Un point fondamental à ses yeux, lui faisant rappeler en passant que personnellement il n'a jamais été dans le déni et qu'il a vécu les attentats de 2015 sans se dérober à son devoir. « Il y a un verset fondateur du Coran qui dit "Aux hommes, nous avons créé du mâle et du femelle. Nous avons fait de vous des peuples et des tribus pour que vous vous entre-connaissiez" et non pas que vous vous entre-tuiez. Ce verset institutionnalise la diversité, la diversité d'origine, la diversité de confession ou de conviction. Et dans un autre verset, il est dit : "Si Dieu l'avait voulu, il aurait fait de vous une seule et même communauté, rivalisez donc dans les bonnes œuvres." C'est donc une volonté divine qu'il y ait des croyants et des non-croyants, et parmi les croyants, des chrétiens, des juifs, des musulmans, des bouddhistes, etc. Rien dans l'islam, dans le Coran ou dans les versets du Prophète ne peut autoriser les actes abominables de terreur que nous avons vécus. Les concepts de *djihad*, de *khalifah* ou de *hijra* existent dans l'islam, mais ils ont été dévoyés et instrumentalisés pour justifier l'injustifiable. C'est un vrai travail de fond qui est à mener, surtout auprès des plus jeunes, et on ne peut rester les bras croisés devant un tel dévoiement de la religion musulmane. »

Les publications dans *Le Parisien* du manifeste de 300 intellectuels contre un « nouvel antisémitisme » et d'un appel consécutif de 30 imams dans *Le Monde* ont précédé la rencontre du 12 juin 2018. Qu'en a pensé notre interlocuteur ? « Ce manifeste, j'en ai eu connaissance avant qu'il ne soit rendu public et j'ai refusé de le signer considérant qu'il était même inutile d'essayer de l'amender. J'ai affirmé clairement qu'il serait contre-productif car il allait trop loin dans la désignation de l'islam et des musulmans comme les principaux vecteurs de l'antisémitisme aujourd'hui. Ce qui est absurde à plusieurs égards. D'abord parce que nous-mêmes, les musulmans, sommes des sémites. Ensuite, parce que mon Maroc natal, à l'instar d'autres pays musulmans, ne connaît pas un tel phénomène. De plus, ainsi que je l'ai indiqué à plusieurs signataires, comparer les actes antisémites et les actes antimusulmans en postulant que les uns sont plus exposés que les autres, revient à instiller une concurrence malsaine. Enfin, il est inouï que l'on demande aux musulmans de renier un certain nombre de versets du Coran ! Il y a le texte et le contexte. D'où ce qu'on appelle dans l'islam l'*ijtihad*, c'est-à-dire l'effort intellectuel que doivent produire les savants musulmans en assumant l'immuable tout en le déclinant selon les circonstances ou les contraintes. Mais de là à réclamer un reniement ! En bref, prétendre que l'islam est porteur d'antisémitisme dans son ADN est une idée que je refuse et que je récuse. »

L'ancien président du CFCM tient ferme ses positions et défend l'institution. Hakim El Karoui a-t-il raison d'axer la réorganisation sur un financement autonome et le financement sur une taxation, entre autres, des produits halal ? « Non. Je pense que, globalement, il faut aider le peuple musulman à mieux s'intégrer, à avoir les moyens de diffuser un islam apaisé avec des imams formés animant des mosquées qui ont pignon sur rue, qui accueillent dignement les fidèles, hommes et femmes, jeunes, moins jeunes et, pour ce faire, que le culte musulman ou les institutions représentatives du culte musulman, au niveau régional et au niveau national, soient dotés à cet effet. Parce que le CFCM dispose de très peu de moyens financiers et humains pour relever tous ces défis. Nous n'avons pas cessé de le rappeler aux pouvoirs publics. »

L'autre rapport, alarmant, d'Hakim El Karoui sur *La fabrique de l'islamisme*, réalisé sous l'égide de l'Institut Montaigne, selon lequel un quart des musulmans français sont dans une mouvance salafiste, avec un pourcentage encore plus grand chez les jeunes ? « Nous réfutons ces chiffres. Ils sont faux. Quand le rapport de l'Institut Montaigne comptabilise 800 000 à un million de jeunes qui seraient au contact du salafisme, je pense qu'on est là dans l'exagération, le phénomène de *buzz*. Nous connaissons très bien les mosquées où se trouvent des salafistes qui souhaitent noyauter ou déstabiliser les lieux de culte. Peut-être y en a-t-il une quarantaine ou une cinquantaine sur les 2 500. Faites le calcul, c'est une infime minorité. De plus, les jeunes concernés, après avoir passé trois ou quatre ans dans cette mouvance, reviennent pour la plupart à une lecture plus orthodoxe et plus conforme aux préceptes de l'islam. »

Mais le président Macron souhaite néanmoins une réforme. Quel est l'avenir ? Un consistoire à l'instar des juifs, une fédération à l'image des protestants, un grand imamat ? « Au début, le modèle consistorial a prédominé, aujourd'hui le modèle de la Fédération protestante de France commence à faire consensus au sein du CFCM. Le grand imamat, nous n'y croyons pas. Pas du tout. Dans le sunnisme, il ne peut y avoir une seule autorité qui parlerait au nom de la communauté, qui édicterait ce qui est bien et ce qui est mal. Il existe en Égypte, par exemple, un grand mufti, mais il s'appuie sur une institution, Al-Azhar, dont les théologiens l'entourent et l'assistent. Au moment de la création du CFCM, en 2003, personne ne voulait d'une commission de ce type parce que chaque fédération et chaque mosquée voulaient disposer de son organe de la *fatwa*. Les pouvoirs publics non plus ne le souhaitaient pas. Depuis nous avons instauré une telle instance, mais sur un mode interne et informel. Nous envisageons désormais de former un Haut Conseil de l'islam de France comprenant quatre à cinq membres pour représenter la diversité accompagnée d'un porte-parole identifié par les médias. »

Mais qu'en est-il de la nature exacte et du périmètre réel du CFCM ? « Notre nom l'indique clairement, nous représentons le culte musulman et en aucun cas les musulmans de France. D'ailleurs, cela nous a été expressément indiqué et signifié au moment de notre création, la puissance publique ne voulant pas alors de représentation communautaire. » Tous les ministres de l'Intérieur, de droite ou de gauche, ont œuvré depuis les années 1980 à cette question et Nicolas Sarkozy lui-même, à son arrivée Place Beauvau, s'est inscrit dans la démarche de son prédécesseur Jean-Pierre Chevènement. Pour autant, dans ses entretiens avec le dominicain Philippe Verdin, *La République, les religions, l'espérance*, parus au Cerf en 2004, le futur chef de l'État n'expliquait-il pas qu'il s'agissait de doter les musulmans de France d'une structure « qui leur permette de parler d'une seule voix » ? Et n'est-ce pas ce que le CFCM revendique désormais ? « Non, mais aujourd'hui, on nous donne en exemple le président de la Fédération protestante de France qui, quand il prend la parole, s'exprime au nom des protestants de France. En fait, on nous le demande ». Dont acte.

Comparaisons et concurrences

Ahmet Ogras rejette d'un revers de main les analyses qui font état d'une croissance de l'islamisme. Pour l'actuel président du CFCM, une telle montée est totalement surévaluée. Rien à signaler ? « Selon moi, il y a très peu de salafistes en France. Ceux qui s'élèvent contre la société trouvent facilement toutes sortes de prétextes. Il y a trente ou quarante ans, ils rejoignaient les mouvements d'extrême gauche et se déclaraient anarchistes. Aujourd'hui, notre monde produit nombre de personnes frustrées. Nous avons affaire à une génération, quelle que soit son origine, sa nationalité, sa religion, qui a perdu le sens des valeurs et le respect de l'autorité et là encore, quel que soit le modèle d'autorité, occidental ou musulman. Ils trouvent comme étendard à brandir contre l'ordre le prétendu "État islamique", Daech. C'est ainsi qu'il faut comprendre cette révolte, non pas comme un mouvement d'adhésion, mais de rejet. »

Là où mon interlocuteur se réfère à l'anarchisme, Hakim El Karoui, dans son rapport, compare l'essor de l'islam radical au développement du communisme. Un parallèle valide ? « Sociologiquement parlant, oui. Mais à la différence de la construction idéologique que présentait le communisme, il n'y a pas de véritable idéologie du salafisme, il y va d'un fourre-tout ». En revanche, Ogras s'accorde avec El Karoui sur l'idée que l'islamisme questionne d'abord la France. « L'islam n'a pas de problème. Le problème, ce sont les Français mal à l'aise et complexés qui ont choisi la religion musulmane. Il faut distinguer deux sortes de convertis. Les vrais, qui n'ont pas eu des parents musulmans ou d'accès au culte musulman et les faux, qui ont eu des parents musulmans, des grands-parents musulmans, qui sont de la quatrième génération mais n'ont jamais fréquenté une mosquée, n'ont jamais écouté un imam et qui du jour au lendemain se disent : "J'ai dix-huit ans, je m'appelle Mohammed, je suis musulman." Ils passent en mode actif, militant, hors de tout apprentissage culturel et, à mes yeux, ce sont, il faut le dire, de faux musulmans. »

Plutôt que de disserter de l'islamisme, le président en exercice du CFCM préfère discuter de la laïcité, sujet qui lui semble paradoxalement plus brûlant, en tout cas plus central. « La grande actualité est qu'il s'agit aujourd'hui d'avoir une pratique intelligente de la loi de 1905. Car nous ne sommes ni au début du XXe siècle, ni à la fin du XVIIIe siècle. Nous vivons dans un monde de totale liberté individuelle et de plein accès à l'information. Conviction, engagement, sexualité, genre : chacun veut exprimer ce qu'il est et on ne peut donc interdire à quiconque le veut de montrer sa croyance. Nicolas Sarkozy a été le premier à vouloir simplifier et démocratiser la laïcité. François Hollande n'a rien fait et a maintenu le statu quo. Emmanuel Macron essaye d'instaurer un nouvel état d'esprit. Je le rejoins quand il dit que l'État est laïc et que la société ne l'est pas ».

La suite de la présentation est moins apaisée, manifestant un souci concurrentiel par ailleurs largement répandu. « Or, que voyons-nous aujourd'hui ? On rapporte toujours la question de la laïcité à l'islam et aux musulmans. On ne la pose jamais au sujet de la communauté juive. On ne considère pas que le port de la kippa puisse faire problème et, au contraire, il est valorisant. On ne connaît pas de maire qui a fermé un magasin casher, mais un magasin halal est facilement frappé de fermeture. » Le sourcil dubitatif que je lui laisse voir vient interrompre la démonstration de mon interlocuteur qui la reprend de façon plus atténuée. « Disons qu'une certaine laïcité combative répand une connotation négative à l'égard de l'ensemble des religions, mais surtout de la musulmane. Ce qui risque de fragmenter un peu plus la société française. Que je porte une kippa ou que je porte un fichu – le tchador, c'est différent –, il y va de ma liberté individuelle : tant que je ne cherche pas à imposer ma croyance à l'un ou à l'autre, le problème est inexistant. Ce principe vaut pour toutes les confessions dans tous les pays. Il ne faut pas faire de la laïcité une religion. »

Pourtant ce qui empreint le discours d'Ahmet Ogras est un profond sentiment d'injustice.

Il martèle qu'il y aurait dix millions de Français de confession musulmane – d'où il tient ce chiffre, on ne le saura pas – et qu'ils ne bénéficient pas de la reconnaissance qui leur serait due. « Nos grands-parents ont construit la France après la Première Guerre mondiale, nos parents après la Seconde Guerre mondiale, notre génération la construit aujourd'hui. Nos aïeux ont travaillé, payé des impôts, fait en sorte que le pays aille mieux. Nous de même. Il faut en tenir compte. Sinon, les musulmans de France entameront leur propre *alya.* » Encore un parallélisme inattendu puisque l'*alya* désigne en hébreu la décision que prend un juif de la diaspora de se rendre en Israël pour y vivre. Un mouvement marqué par une nette augmentation en France ces dernières années, mais sous la montée de l'antisémitisme.

Ahmet Ogras continue cependant de filer la comparaison. « D'un côté, ce sont les juifs qui partent. De l'autre côté, ce sont les musulmans qui partent. Ils s'installent au Royaume-Uni, au Canada pour certains, dans les pays du Golfe pour d'autres. On nourrit et on forme des étudiants qui, ensuite, quittent le pays tandis que ceux qui restent sont les plus mal lotis. C'est l'intelligentsia musulmane qui s'en va et la France qui s'appauvrit. Il faut y réfléchir. » Je lui fais observer que l'opinion s'inquiète plutôt des mouvements migratoires dans l'autre sens. Il hausse les épaules. « Pour l'instant, Macron dispose d'un capital de confiance. Nous verrons bien ce qu'il en adviendra. »

Sur le grand discours annoncé par le président de la République, le président du CFCM se montre à la fois intéressé et sceptique : « J'ignore ce que prépare Emmanuel Macron. Je lui accorde un bonus pour avoir mis le sujet sur la table. Mais c'est ou bien, ou bien. Soit il réussit son coup, évite de propager la pagaille chez les juifs, les chrétiens, les musulmans, instaure au contraire la concorde religieuse dans le pays et je dis bravo. Soit il se prend pour Napoléon et, comme Bonaparte, tâche de passer en force, faisant fi des trois siècles qui se sont écoulés entre-temps, et il ne pourra alors qu'échouer. Mais ces scénarios s'inscrivent dans d'autres, plus larges. Soit nous allons vers une guerre civile européenne et tout est fait pour, la crise touchant l'économie, la politique, mais aussi les mœurs sur fond de déshumanisation et de défiance. Soit nous avons l'intelligence de résoudre les problèmes un à un, mais le premier pas en est alors le respect mutuel. » Inutile de préciser que, pour l'actuel du président du CFCM, cette réciprocité implique que les « autres » réparent l'inégalité dont, à ses yeux, l'islam est frappé.

Une voix pour la voie

S'il est aujourd'hui une claire intelligence de la foi musulmane, c'est la sienne, portée par une exquise urbanité, une langue élégante et un esprit aiguisé. Fils du cheikh Abbas, jadis recteur de la mosquée de Paris, de formation à la fois scientifique et philosophique, auteur et conférencier prolifique, animateur des émissions islamiques sur France Culture et France 2, Ghaleb Bencheikh mène de concert un travail de pédagogie et de transmission. Il a récemment développé à l'Institut du monde arabe, l'IMA, une série de conférences visant à expliciter « Les mots de l'islam ». Nous nous rencontrons dans le bar d'un hôtel où il a ses habitudes, à deux pas du journal *Le Monde*.

Jamais avare de communiquer et de partager, Ghaleb Bencheikh brosse devant moi les enjeux qu'il s'attache à clarifier dans ses conférences. Pour le premier mot, « islam », l'étymologie, la théologie et l'histoire indiquent qu'il faut s'écarter de la fausse homonymie généralement reçue, de la traduction fautive de « soumission » qui se dit en arabe *khoudour*, et y entendre le sens premier qui est d'« entrer dans la paix » et ce, sans retour. La notion connexe d'abandon à la volonté divine fait que l'on peut dire qu'Abraham, Noé, Moïse ou Jésus ont agi en « musulmans », de même que quiconque, qui n'a pas pour autant suivi la prédication de Mohammed mais s'en remet à Dieu et suit les enseignements divins, « s'islamise ». Aussi, dans la première période « mecquoise » du Prophète, est-il question de « croyants », non pas de musulmans. Loin de vouloir procéder à des « appropriations abusives », Ghaleb Bencheikh entend ici rappeler et restituer le climat originel d'ouverture à l'altérité qui a présidé à la révélation coranique.

Le glissement de l'un à l'autre sens est l'objet du deuxième mot, « salafisme », dont il traite dans ses conférences et qui retrace tout un parcours historique. L'*istislam*, l'abandon total, prôné par une part du soufisme, le *mektoub*, « c'est écrit », initié par l'école rationaliste mutazilite, l'orientalisme colonial et « la paresse de certains intellectuels musulmans eux-mêmes » ont leur part dans cette assimilation. Mais, pour Ghaleb Bencheikh, le tournant se situe à la fin du XVIIIe siècle avec la réinterprétation qu'opère Mohammed Abdelwahhab, le créateur du wahhabisme, de l'école juridique rigoriste fondée par Ibn Hanbal au IXe siècle et illustrée par Ibn Taymiyya au XIIIe siècle. Dans l'entre-deux-guerres, le mouvement de réforme de l'islam issu de la *Nahda*, la renaissance arabe, se tarit pour laisser la place à l'hégémonie littéraliste qu'animent depuis, diversement, les wahhabites, les frères musulmans ou les salafistes. Le retour aux *Salaf*, aux « Anciens », aux « pieux Prédécesseurs », aux compagnons du Prophète et à l'Âge d'or que revendiquent ces derniers pouvant déboucher sur le quiétisme ou le djihadisme.

Formidable tableau généalogique et critique dont ma retranscription écorne sans doute les nombreuses nuances et subtilités. Mais ce travail d'interprétation, de conceptualisation, de contextualisation, ne reste-t-il pas l'apanage d'un petit nombre ? « Deux réponses s'imposent, l'une plus légère, l'autre plus grave. D'abord, que je sache, les Érasme, Rousseau, Condorcet ont commencé seuls et pour ce qui est de ma petite personne, je n'ai rien inventé, j'ai eu accès au commentaire grâce à mon père, le recteur de la grande mosquée de Paris, qui le tenait de son maître, Ben Badis, le président des ulémas algériens, lequel l'avait appris de son propre maître, selon un ordre de filiation qui permet de remonter aux premiers Anciens. Plus sérieusement, même s'ils ne se sont pas encore constitués en de grandes écoles, de tels courants de pensée existent un peu partout alors qu'ils peinent à apparaître en France en raison du tissu social musulman et du tintamarre ambiant. Le discours de l'islam y est tout simplement accaparé par des prédicateurs et des imams autoproclamés ».

Le devenir de ce renouveau est-il pour autant assuré ? « Dans un accès de franchise, je dirais que non, pas tout à fait. La déferlante de l'islamisme est réelle et grande. Mais, il existe de réelles tensions, dans les pays islamiques entre les laïcisants et les modernistes d'une part, les salafistes et les fondamentalistes d'autre part. Sans que l'on puisse savoir qui l'emportera, le débat est là. » Et Ghaleb Bencheikh de noter : « En Arabie saoudite par exemple, on commence à réaliser la schizophrénie qui consistait à ne pas laisser la femme conduire une voiture là où elle n'était pas empêchée de monter à cheval au temps du Prophète. » Puis de me montrer, à l'appui de sa démonstration, des photos sur son portable de femmes ni couvertes ni voilées : vers 1950 à Amman, l'épouse de l'un des plus grands récitants en charge de psalmodier le Coran ; vers 1960, au Caire, la fille du recteur de l'université théologique d'Al-Azhar ; vers 1970, à Damas, la directrice et les étudiantes de la promo de la faculté de médecine ; vers 1980, à Bagdad, l'institutrice et les élèves d'une école primaire. « On n'emmitouflait pas les filles », laisse-t-il tomber. « Ces images montrent que le débat dans la société arabo-musulmane est réel. Je pense que pour peu qu'on règle de petites choses en France et en Europe, la raison l'emportera. Parce que la force est à la loi. Sinon, ce sera la loi de la force, ce dont nous ne voulons pas au sein de la République. »

Généalogie pour généalogie, et le contexte planétaire étant considéré acquis, d'où faut-il dater le durcissement, pour partie, de la présence musulmane en France ? « Il faut partir, à mon sens, du tournant qu'a constitué, le 10 octobre 1983, la marche pour l'Égalité aux slogans exclusivement laïcs érigés contre les discriminations. Aucune de ces demandes n'ayant été satisfaites, après la génération SOS Racisme sont malheureusement survenues les générations Khaled Kelkal, puis Zakaria Moussaoui et enfin Mérah ou Koulibaly. Il est devenu toujours plus facile pour les prédicateurs de les travailler, la souplesse de la tradition sunnite permettant à quiconque de s'impatroniser comme un maître auprès d'une certaine jeunesse à l'esprit agité. "Entre la pauvreté, la drogue, la prison, la délinquance, votre vie ici-bas est ratée, mais en suivant les préceptes que je suis seul à expliquer, vous serez l'instrument de la punition des mécréants qui vous oppriment et vous accéderez à une meilleure vie dans l'au-delà." Ce discours de véritable crétinisation a gagné les esprits. » A-t-on bien compris ? « Oui, outre le contexte international, il me semble que désespérer des promesses républicaines a contribué au repli sur la solution que prétendait apporter le discours religieux. »

Il est temps de passer à la question de la réorganisation de l'islam de France, autre promesse, mais du président Macron cette fois. Ghaleb Bencheikh se montre aussi tranchant. « C'est un paradoxe que l'État laïc puisse envisager de s'immiscer dans la vie d'un culte, quel qu'il soit, alors que la loi qu'il s'est donnée précisément le lui interdit. » Mais encore ? « S'agissant de l'islam, c'est parce qu'il n'y a pas d'interlocuteur sérieux, faisant acte d'autorité, que l'on se retrouve dans cette situation d'incurie organique. La défaillance vient de l'absence de structures idoines. Foulard de Creil, crèche Baby Loup, burkini des plages : sur toutes ces affaires qui ont défrayé la chronique, nous n'avons entendu aucun point de vue solennel, autorisé et courageux. Cela aurait pu être le rôle de la grande mosquée de Paris si elle ne se réduisait pas à l'encéphalogramme plat que nous lui connaissons aujourd'hui alors qu'il faudrait qu'elle soit le lieu du débat interne aux différents courants de l'islam, du dialogue interreligieux, de la rencontre avec les milieux intellectuels pour contrecarrer le fondamentalisme et le salafisme. »

La redevance halal, le grand imamat, le rapport de l'Institut Montaigne, le projet El Karoui : sur toutes ces perspectives, notre sage reconnaît osciller, s'interroger, soupeser le pour, le contre et préfère en revenir ce qui pour lui est l'essentiel : si l'organisation cultuelle doit rester première, reste la question de la représentation intellectuelle. Il faut d'abord que l'on réussisse à immuniser le citoyen pour que le modèle devienne transmissible et exportable. De grâce, au lieu de construire une énième mosquée, bâtissons des instituts de formation et si cela doit être en partenariat avec l'État, pourquoi pas ? Mais il faut surtout un institut d'islamologie savante, dédié au discours rationnel sur le fait islamique, dépassant les cadres théologique, cultuel, embrassant les aspects civilisationnels, l'art, l'architecture. La culture, les rapports avec les juifs et les chrétiens à travers l'histoire ».

Comment Ghaleb Bencheikh perçoit-il l'action de l'actuel président de la République ? « Il manifeste, à l'évidence, une sensibilité ouverte à la transcendance et une conscience de la positivité sociale des religions. Sur l'islam, il a compris la tare originale que constitue la présidence tournante du CFCM et à quelle impasse elle aboutit. La réponse intelligente a été de penser organiser des assises mais qui aurait été encore plus intelligente si l'on n'avait pas eu l'idée d'édicter des résolutions toutes faites avant leur tenue. Sur la laïcité, il se veut décomplexé vis-à-vis d'une conception drastique ou d'une application draconienne. Moi-même, là-dessus aussi j'oscille. Quelle est, du point de vue du droit, cette laïcité qui consacre chanoine le chef de l'État ? Mais, du point de vue de l'histoire, cette laïcité n'est pas née *ex nihilo*. Ambivalence que l'on retrouve dans son discours du 9 avril 2018 aux Bernardins : si empathique en général, mais avec des accents quasiment "laïcards" en quelques endroits. »

Depuis notre entretien, Ghaleb Bencheikh a succédé à Jean-Pierre Chevènement au poste de président de la Fondation de l'islam de France. Il a été élu, le 13 décembre 2018, à l'unanimité moins une voix, celle du représentant du CFCM, en l'occurrence Ahmet Ogras, et semble-t-il, au regret du recteur de la grande mosquée de Paris, Dalil Boubaker. Son élection a cependant contenté l'Élysée et la place Beauvau car elle correspondait au souhait de la puissance publique et à la volonté gouvernementale d'envoyer un message fort au plan national comme international. Autant dire que si, désormais, la balle est dans le camp de Ghaleb Bencheikh, la partie ne sera pas facile.

3.

LA FRANCE ET LA FOI

Veilleur et gardien

La Fondation Res Publica est logée rue de Bourgogne, non loin de l'Assemblée nationale. Je retrouve les mêmes bureaux, les mêmes personnes, la même ambiance qui caractérisent Jean-Pierre Chevènement, lequel n'est pas moins fidèle à ses anciens collaborateurs qu'il ne l'est à ses idées. Sur les rayons de la bibliothèque, à gauche de son bureau, trône une photographie de Charles de Gaulle, ornée d'un paraphe : « Celui qui n'a jamais désespéré. » Est-ce la référence suprême ? « Tournez-vous et vous saurez ! » Sur le mur arrière est affiché un monumental portrait de Clemenceau. « Un homme libre. De Gaulle, c'était la souche française traditionnelle. Lui était un bleu de Vendée, un républicain anticlérical, mais à l'époque, ça se justifiait. »

Et aujourd'hui ? Entre notre prise de rendez-vous dans les locaux de *Causeur*, lors d'un hommage au journaliste Luc Rosenzweig, et maintenant, le président de la Fondation de l'islam de France, « pour répondre au vœu de Bernard Cazeneuve, juste le temps du service », a passé la main à son successeur Ghaleb Bencheikh, « un savant, un théologien, un philosophe, un homme de communication, et surtout un homme courageux qui ne craint pas les coups que cette fonction occasionne plus souvent que des bénéfices ». Mais de louer, aussi, le rôle éminent de cette « institution culturelle, éducative, n'intervenant pas dans les domaines religieux, et propre à ouvrir l'esprit de Français, musulmans et non musulmans, sur ce qu'est l'islam, son histoire, son rapport avec la France, avec l'Europe, avec les autres religions. Rapport qui est fait de conflits, il ne faut pas se le dissimuler, mais aussi d'échanges féconds ». Et de conclure : « La Fondation peut jouer le rôle d'amortisseur que j'ai voulu pour elle, aller à l'encontre de toutes les surenchères et faire en sorte que les rapports entre français et musulmans ne soient pas marqués au coin de la haine et du ressentiment. Je crois que cela aurait pu être le cas, et je crois que ce n'est pas le cas. La France a montré une certaine maturité, comme on dit, une certaine résilience face aux attentats islamistes. Il faut que cela dure, et que de nouvelles générations prennent la relève pour mener le combat de la culture contre le fanatisme. »

Passons, dimension moins théorique, au bilan que l'ancien ministre aux divers portefeuilles régaliens dresse de ses actions. Faire de l'islam de France une cause nationale, dépassant le clivage entre la gauche et la droite ? Cette cause est-elle plus avancée aujourd'hui ? La gauche et la droite pourraient-elles se trouver rassemblées autour de cette cause ? « J'ai l'impression que les malentendus et les réserves ou les hostilités qui pouvaient exister dans certains milieux ont reculé. On comprend mieux, désormais, ce que peut être un islam républicain, c'est-à-dire intégré à notre système de valeurs, que l'on peut dire aussi islam des Lumières, islam ouvert, islam humaniste. » Le CFCM dont il a préparé la formation ? « Ce n'est pas un échec parce que malgré tout, il a le mérite d'exister, a contribué à la mise sur pieds d'aumôneries musulmanes dans les prisons, dans les hôpitaux, dans les casernes et à la mise à disposition de mosquées. Le souci d'avoir des imams bien formés, parlant français, à mon avis, est à parfaire, mais des diplômes ont été créés dans une vingtaine d'universités. » Une vision idyllique ? « C'est vrai que le CFCM a été le théâtre de rivalités entre des fédérations émanant des pays d'origine qui veulent garder un droit de regard ou de contrôle sur leurs ressortissants ou les générations qui en procèdent. D'où la nécessité d'aller vers un islam de France, expression que j'ai empruntée à Jacques Berque, mais il est normal aussi que cela prenne du temps. »

Ce mot de « discrétion » qu'il a employé un jour au regard des attitudes religieuses, en l'adressant particulièrement aux Français de confession musulmane, le maintiendrait-il aujourd'hui ? « C'est au sujet de l'espace public et du débat public que j'y ai recouru. Dans cette sphère toutes les religions, et pas seulement l'islam, doivent s'exprimer avec une certaine retenue par rapport à la révélation à laquelle chacune d'entre elles se réfère. J'en appelle en fait à la raison naturelle. Chacun a le droit de croire ou de ne pas croire. Chacun est invité à utiliser des arguments et à chercher à convaincre ses concitoyens, quelle que soit sa croyance ou son absence de croyance. Chacun a le droit de puiser en ce qu'il pense bon la motivation de ses pensées et de ses actes. L'intérêt général néanmoins peut se définir à partir d'une croyance commune, sans besoin de faire appel à tel ou tel dogme ou telle et telle doctrine et nul ne peut les asséner à ses concitoyens s'ils ne la partagent pas. C'est le fondement de la liberté de conscience et de la liberté d'opinion, donc de la liberté religieuse, telles que proclamées par la Déclaration des droits de l'homme et du citoyen. »

Défenseur de la laïcité, Jean-Pierre Chevènement l'a toujours été et le demeure. « L'idée est souvent mal comprise. La laïcité ne se confond ni avec l'athéisme, ni même avec l'agnosticisme. Elle consiste dans le principe qui permet la séparation du religieux et du politique. » Le plus historien de nos hommes d'État se lance alors dans un vaste rappel qui part de 1789, passe par Rousseau, Robespierre « auquel il faut accorder quelque mérite » dans la difficile mutation du droit divin en droits humains, Napoléon, au « génie essentiellement pratique », saute à 1905, souligne le rôle de Jean Jaurès, Aristide Briand, plus tard Édouard Herriot, « les législateurs les plus souples », prend en compte les dérogations « sous de Gaulle » ou « sous Mitterrand » avant de conclure : « Il y a donc eu des petites souplesses et tout cela n'a pas provoqué des tremblements de terre ».

Est-ce une manière d'évoquer le caractère bénin de la volonté qu'a le président Macron de modifier la loi de 1905 ? « Ce que j'ai compris est qu'on veut y toucher pour qu'elle soit mieux appliquée. Comme on sait, la loi de 1905 assortit les associations cultuelles d'une obligation de transparence. Or les organes religieux préfèrent souvent recourir au cadre de la loi de 1901 qui offre à leurs yeux plus d'avantages. S'il s'agit d'inciter à utiliser le véhicule prévu, je ne considère pas qu'il faille s'alarmer de telles dispositions. C'est le petit coup de pouce que Napoléon a pu donner aux juifs, aux protestants et même aux catholiques. Il faut se rappeler que l'islam n'existait guère en France en 1905. Il s'est développé depuis ».

Mais la vision de la laïcité que se fait le chef de l'État, à tout le moins telle qu'elle apparaît à travers ses différentes interventions, ne tient pas plutôt d'un modèle anglo-saxon, autrement dit libéral et à rebours donc, des convictions les plus indéracinables de mon interlocuteur ? « Je ne vais juger Emmanuel Macron que sur ses propos publics. Même devant les évêques, il a dit que l'expression des catholiques pouvait être publique mais qu'elle n'avait pas valeur d'injonction. Relisez le texte. De ce point de vue, je ne considère pas qu'il viole la laïcité. Il s'attache au contraire à rappeler un de ses aspects. Le moment n'est pas venu où une religion pourrait prétendre imposer sa loi. » Mais reprendrait-il à son compte la formule selon laquelle « seul l'État est laïc ; la société, elle, ne l'est pas » ? « La société est diverse par définition, mais l'État doit faire prévaloir le principe de laïcité dans les rapports que les citoyens ont entre eux. En même temps, il faut que les citoyens comprennent ce qu'est la laïcité dans sa dimension culturelle. À savoir que l'intérêt commun et général se définit et s'affine à la lumière de la raison. La laïcité est fille des Lumières, mais elle n'est pas comme la morale de Kant, les mains propres parce que dépourvue de mains. Peut-être le président de la République devrait-il plus souvent rappeler cela. »

L'observateur

Proche de Jean-Pierre Chevènement, Didier Leschi est d'abord un serviteur de la chose publique. Haut fonctionnaire, après avoir occupé divers postes dans les cabinets ministériels, il a été tour à tour chef du bureau central des cultes au ministère de l'Intérieur, chef du service de l'accès au droit et de la politique de la ville au ministère de la Justice, préfet pour l'égalité de la Seine-Saint-Denis et est aujourd'hui directeur général de l'Office français de l'immigration et de l'intégration. Une impressionnante carrière mais l'homme vaut surtout comme baromètre de la République. C'est dans ses bureaux de l'Office qu'il me reçoit, au cœur du XVe arrondissement de Paris afin que nous poursuivions une conversation interrompue depuis *Le grand désarroi*, l'enquête que j'avais publiée chez Albin Michel, avec mon frère Victor Malka, sur les inquiétantes mutations de la condition juive en France.

Didier Leschi est lui-même l'auteur de *Misère (s) de l'islam de France,* ouvrage paru au Cerf et dans lequel il a mis à profit son expérience Place Beauvau où, sous Nicolas Sarkozy, il a assisté à l'émergence du CFCM ainsi que la Commission de réflexion juridique sur les relations des cultes avec les pouvoirs publics présidée par le professeur Jean-Pierre Machelon. Son constat, après coup ? Que pour éviter que les convulsions du monde musulman n'impactent l'islam de France qui est en voie d'édification, il faudrait une ouverture, une théologie, une incarnation qui fassent place à l'altérité alors qu'elles font malheureusement défaut. Et que s'imposent la diversité, le pluralisme et les polarisations, dont les mondes catholique, orthodoxe, protestant, juif sont coutumiers. Pour le dire autrement, l'islam fermé dispose de lieux là où l'islam ouvert n'a pas d'adresse connue.

Dans le « guide pratique » consacré à *La laïcité au quotidien* qu'il a cosigné avec Régis Debray et qui a paru chez Gallimard en 2016, Didier Leschi terminait sur ces mots : « Il n'y a pas de laïcité viable dans un État qui se défait, un peuple qui se renonce, une République qui éteint les lumières », et en appelait au sursaut. Ce sursaut, le voit-on dans l'élection d'Emmanuel Macron ? Le rejet de l'idée européenne, l'essor des populismes, les mouvements contestataires qui agitent les pays de l'Union ne sont-ils pas liés aux vagues migratoires déjà anciennes, mais qui sont venues percuter de front le début du quinquennat ? Avec l'habituelle franchise inhérente au réalisme qu'il considère indispensable à une authentique solidarité, le directeur de l'Office n'entend pas masquer les ombres qui figurent au tableau.

« Pour partie, mais dans des proportions de plus en plus importantes, les populations qui arrivent reflètent les désordres du monde en tant qu'elles proviennent de sociétés durablement déstructurées et profondément abîmées par des régressions qui parfois confinent à la barbarie, ce qui n'a malheureusement pu que marquer les individus. La nouveauté, par rapport aux migrations du XXe siècle est que cette marge problématique s'élargit. Qu'elles qu'aient été leurs difficultés politiques, morales, ou économiques, tel n'était pas le cas des Italiens, des Espagnols, des Portugais ou des Polonais. Et il en allait de même pour les personnes venant du Maghreb où les aspects profondément négatifs de la colonisation n'empêchaient pas une certaine communauté culturelle dans les idéaux de progrès, à preuve les mouvements d'émancipation. En projetant le regard plus loin tout en restant dans le monde musulman, à l'orée des années 1950, le Soudan se veut une démocratie fédérale, l'Afghanistan s'engage dans une réforme modernisatrice et le Yémen s'honore de la paix dont y jouissent chrétiens et juifs. Là comme ailleurs, à la force dissolvante de guerres sans fin s'est ajoutée la puissance idéologique d'un islam radical qui a ses penseurs et ses missionnaires, ses financements et ses médias. Il est ainsi des pays où la seule structuration existante est celle des mafias et des passeurs. Certes, il ne s'agit pas de généraliser, mais le problème est que cette marge croît et est de plus en plus difficile à intégrer. »

C'est du sentiment universel d'humanité dont s'inquiète Didier Leschi : « Le chaos vécu affecte la conscience morale. Ainsi, dans les centres d'accueil en Grèce, les Yézidis continuent d'être persécutés par certains de leurs compatriotes qui sont pourtant dans la même situation qu'eux. On comprend alors comment peut fonctionner la logique génocidaire. D'être réduit à rien ne prévient pas la volonté de détruire l'autre démuni qui a contre lui de représenter l'ennemi, le dégénéré ou le mécréant. » Ce déchaînement mortifère impacte-t-il notre situation et si oui, à quel point ? Le préfet, mais aussi historien qu'il est, voit un point culminant dans le meurtre du prêtre Jacques Hamel égorgé au pied de l'autel : « En France, qu'un ministre du Culte soit tué dans le lieu sacré de son service au nom d'une autre conception de Dieu, cela n'était pas arrivé depuis les Guerres de religion. Aucun juif, après la tuerie de Toulouse, n'a commis de geste inconsidéré et les catholiques, après celle de Saint-Étienne-du-Rouvray, ont ouvert grand les portes de leurs églises en un signe extraordinaire d'apaisement. C'est dire combien nos structures sociales, culturelles et mentales font que nous nous opposons instinctivement au fanatisme. »

Lui qui a suivi de près les premiers grands essais d'organisation du culte musulman, que pense-t-il des propositions du CFCM, de l'Institut Montaigne ou de Hakim El Karoui ? « Le grand imamat n'est manifestement pas dans la tradition sunnite. La conformation sur l'exemple de la Fédération protestante de France présente plus de naturalité. Le financement par la taxation du halal a contre lui le risque d'inciter à massifier la diffusion de la pratique et à accroître l'enfermement communautaire. Dans les autres religions, il existe des prescriptions alimentaires mais les chrétiens catholiques ou orthodoxes peuvent les suspendre aisément et le monde juif pratiquant, hors les cercles très orthodoxes, sait adapter les règles de la cacherout à une existence sociale ouverte. Sans compter que le juif sécularisé se contentera, lors d'une fête, de trouver un restaurant affichant un menu selon sa tradition, certifié ou non par le rabbinat. Les comparaisons qu'on agite pour justifier cette mesure ne sont donc guère fondées. Quant au congrès annoncé des musulmans, on verra ce qui en sortira et si les actes suivront les paroles. »

Et du côté de l'État ? Estime-t-il par ailleurs que les divers efforts entrepris par le nouveau pouvoir soient cohérents et puissent se révéler efficaces ? « La cohérence, c'est au président de la République qu'il revient de la donner et il la donnera au moment qu'il jugera bon. Alerter ceux qui prétendent représenter les fidèles musulmans sur leurs responsabilités n'est pas neuf, mais la pression sur eux devient de plus en plus forte. La conscience de la nécessité qu'il y a à créer un pôle de formation théologique capable d'attirer de jeunes croyants qui seraient eux-mêmes aptes à contrebalancer l'influence salafiste date d'il y a vingt ans, mais la perspective de sa réalisation se précise. » Tout va donc pour le mieux ? « Demeure le problème des imams et des prédicateurs étrangers au sujet duquel j'avais proposé en mon temps une simple réduction mécanique du contingent. Le cœur de la question cependant reste l'investissement dans le fait cultuel de ceux qui se réclament d'un islam plus ouvert. Un intellectuel catholique ou un intellectuel juif qui est croyant et engagé dans la cité, qu'il soit de sensibilité progressiste ou conservatrice, n'en va pas moins à la messe ou à la synagogue. Un musulman moderne et pratiquant est une occurrence plus rare. »

Plus que tout, le sentiment global de peur diffuse qui imprègne la société française taraude Didier Leschi. « Ce ne sont pas les comportements majoritaires, mais l'augmentation des comportements minoritaires qui finit par angoisser l'opinion. La radicalisation religieuse n'en est pas l'unique cause mais hante les esprits. L'islam n'en est pas le seul symptôme mais cristallise l'inquiétude. Toutefois il est vrai aussi, à la différence de ma jeunesse, que dans certaines banlieues, les espaces de sociabilité hier nombreux et variés se limitent aujourd'hui à la mosquée et que là où les images de la guerre du Vietnam provoquaient une mobilisation compassionnelle, les images d'otages occis au nom du djihad renforcent un refus craintif. »

Pour finir, à son sens, Emmanuel Macron délivrera-t-il le grand discours qu'il a promis sur la laïcité et les religions ? « Il l'a dit, il le fera. Mais il y va d'un exercice difficile entre l'attente profonde qu'a la population de sortir des impasses accumulées à ce sujet et l'adhésion instinctive qu'elle porte, dans sa grande majorité, à une laïcité impérative. C'est cela qui rend la situation compliquée. »

Une union impossible ?

Autre champ de complexité et qui peut aisément tourner au champ de bataille, Emmanuel Macron réussira-t-il à marier bioéthique et religion ? À tout le moins, d'éviter qu'elles ne connaissent un divorce public, fracassant et tempétueux ?

Nous sommes à l'automne 2018 et les auditions sur le projet de loi se déroulent à l'Assemblée nationale. Les orateurs chargés de plancher se succèdent. Le rythme est soutenu. Le débat au Parlement est annoncé en principe pour les premiers mois de l'année 2019. N'est-ce pas précipiter la décision sur des questions qui engagent la durée ? Mais il y va d'une promesse de campagne, sans doute aussi de la nécessité de rassurer l'hémisphère gauche de l'« en même temps ». Et puis les mesures sociétales ont pour elles de constituer des signes forts pour un coût dérisoire.

La commission est présidée par Xavier Breton, député LR de l'Ain. Le rapporteur général en est Jean-Louis Touraine, député LREM. On compte quelques membres de la France insoumise dont la présence aux travaux paraît assidue. Entre autres invités du jour figurent Pierre Le Coz, professeur de philosophie à la faculté de médecine de Marseille, moraliste attentif à la mutation des pratiques, et Jacques Testart, biologiste et père en 1982 du premier bébé-éprouvette. Ils sont venus répondre à la question en cours d'examen : qu'en est-il de l'extension de la procréation médicalement assistée, la PMA, à toutes les femmes, donc aux couples de lesbiennes ? Elle leur est posée d'emblée, sans plus de préambule.

Cheveux longs retombant sur le côté, élégant et concentré, Pierre Le Coz paraît plus enclin à s'interroger qu'à statuer et renvoie à ses auditeurs une salve de questions, à commencer par celles qui fâchent. Il n'en a cure. Il le répétera, la loi est là pour protéger les plus vulnérables. Qui peut dès lors assumer le risque de porter atteinte, dans son mode même de naissance, à l'équilibre psychologique d'un enfant ? Qui peut accepter qu'un enfant, conçu avec le sperme d'un inconnu, n'ait pas la possibilité de remonter aux circonstances qui l'ont vu naître ? Qui peut décréter que la société doit permettre d'avoir un enfant sans père, quitte à ce qu'en cas de décès de la mère, celui-ci se retrouve totalement orphelin ? L'hypothèse de l'insécurité affective est certes atténuée dans le cas d'un couple formé par deux femmes, mais qui niera que ne pas connaître son géniteur est en soi problématique ? Le Coz insiste. On créerait des enfants sans père au moment même où, grâce aux avancées de l'égalité entre les hommes et les femmes, les pères s'investissent davantage dans la paternité ? Et la loi irait à contre-courant de cette évolution ? Le philosophe s'inquiète d'un projet de loi qui irait à rebours de ce progrès, et s'instituerait à l'inverse de l'universalisme.

Le député Touraine fait valoir à l'intervenant que la société n'a cessé d'évoluer depuis la Bible jusqu'à notre âge postmoderne, en passant par Montaigne et son affirmation du sujet individuel. Il fait observer aussi qu'à l'instar de Jean-François Mattei, Pierre Le Coz s'est toujours opposé à la révision régulière des lois bioéthiques. L'éthique, réplique le philosophe, est la science du mal-être, engendrant nécessairement des positions frustrantes. Être favorable au principe de l'adoption n'empêche pas de savoir et d'intégrer l'inégalité de sort chez les enfants adoptés. Il précise néanmoins que si un couple de femmes acceptait que le donneur soit connu, identifiable, l'approche serait différente. Et prévient que bon gré, mal gré, et quelle que soit l'évolution, il faudra bien se résoudre à la levée de l'anonymat, parce que la tendance générale, l'aspiration de masse consiste à vouloir remonter sa généalogie et connaître son génome.

N'y a-t-il pas dès lors une violence à priver l'enfant de moitié de son patrimoine génétique, mais aussi historique ? Ne faut-il pas craindre aussi que l'acceptation de la PMA ne soit un mauvais signal – ou une aubaine au contraire – adressé à certains groupes qui dénoncent une société clivée, une morale en déclin, un pays en décadence ? N'y a-t-il pas à redouter le devenir d'une société influencée par un utilitarisme sans limites ? Contre l'illusion qui voudrait nous persuader que tout est possible, c'est en éthicien que Pierre Le Coz plaide en faveur d'un « humanisme libéral ».

La science va-t-elle plus vite que nous ? Faudrait-il courir après elle ? La France devrait-elle rattraper le retard sur ses voisins en la matière ? Ou au contraire se montrer favorable à la *slow science*, comme disent les Américains revenus du culte du progrès ? Et quel est l'intérêt général, de pousser les feux ou de ralentir face aux revendications particulières ? Biologiste, Jacques Testart a été, avec René Friedman, à l'origine de la naissance d'Amandine, le premier bébé-éprouvette français. Il a dirigé l'Inserm et s'est consacré aux problèmes de procréation naturelle et artificielle chez l'animal et chez l'homme. C'est un habitué des auditions en commissions parlementaires qu'il pratique depuis plus de trente ans et on le dit rétif à certaines avancées sur les sujets sociétaux, notamment la PMA.

Devant les députés, ce pionnier de la fécondation *in-vitro* se montre en effet soucieux de trouver un équilibre dans la tension éthique que créent, entre avancée scientifique et désir individuel, la nécessité d'accompagner le bien-fondé de la recherche et le besoin de veiller au bien-être de l'enfant. Le rapporteur Touraine est à nouveau à la manœuvre. Les découvertes actuelles n'entraînent-elles pas un changement radical de perspective ? Testart regrette que les recherches sur l'infertilité soient à peu près inexistantes et que cette carence empêche de juger. Que penser de l'insémination *post-mortem ?* Testart répond qu'on ignore pour l'instant ce que peut signifier pour un enfant d'être né d'un défunt. Ne confond-on pas dans le même opprobre l'eugénisme d'État et l'eugénisme individuel ? La volonté que manifeste le transhumanisme de l'homme réparé et augmenté est-elle purement négative ? Testart réplique en soulignant que la fécondation *in-vitro* n'a rien à voir avec le transhumanisme, s'en prend au passage au publiciste Laurent Alexandre et note ce qu'a d'infantile ce qu'il considère être une pure idéologie. Comme le philosophe, le biologiste oppose un sens net de la limite à l'empressement que montrent les parlementaires à légiférer.

Dans cet auditorium de l'Assemblée attenant à la salle des Quatre colonnes, siègent et se croisent des députés de toutes les affiliations représentées. Les élus écoutent, prennent des notes, posent des questions. Moins de polémiques politiciennes n'éclatent et moins de soupçons en instrumentalisation ne pointent qu'on ne pouvait redouter. Sont-ce les fractures laissées par le mariage pour tous qui font que le débat se déroule plus calme, plus policé, plus sérieux ? Peut-être, mais un journaliste qui suit ces débats pour la presse médicale me rappelle qu'on est là en commission. L'hémicycle, ce sera une autre paire de manches. Une fois sa position arrêtée, le président devra mobiliser sa majorité que l'on sait être, par ailleurs, disparate. En attendant, au regard de cette matinée, force est de noter que, bien avant les partisans de la révélation, ce sont les émules de la raison qui émettent de profonds doutes sur l'opportunité de l'entreprise.

Quand se prononce le comité

Autre théâtre des opérations en cet automne 2018, la Maison de la chimie à Paris où le 17 septembre, le professeur Jean-François Delfraissy tient une conférence de presse pour présenter la « Contribution du Comité consultatif national d'éthique (CCNE) à la révision de la loi bioéthique» qu'il préside et qui, pour la première fois, a eu la charge d'organiser des états généraux sur cette question. Le grand spécialiste de l'immunologie démarre mal, il faut le dire, sa présentation en affirmant que « l'éthique évolue aussi ». Or si l'on pose au préalable que l'éthique, et non pas son exercice, est changeante, voire mouvante là où elle est censée livrer des repères stables, on se retrouve devant une curieuse équation où l'enjeu n'est plus la conciliation entre le maintien des fondamentaux et l'acclimatement aux circonstances, mais la reddition aux revendications du jour.

Avec raison, Jean-François Delfraissy revient vite au document final du Comité qu'il décrit comme débattu mais charpenté autour de la question qui a été initiale et qui est demeurée, tout du long des travaux, cruciale. Sous forme sociologique, faut-il privilégier l'individuel ou le collectif ? Sous habillage parascientifique, faut-il endosser la loi de Gabor, du nom du prix Nobel de physique hongrois pour qui tout « ce qui est techniquement faisable sera fait tôt ou tard », ou se résoudre à borner la multiplication des possibles ? Un « ou bien, ou bien » soumis au couperet dialectique que la théologienne et philosophe Marion

Muller-Cotard résout cependant de manière dynamique : « La bioéthique consiste à résister à cette loi de Gabor en développant une conscience de nos limites ».

Sans surprise, et précision faite de l'absence d'unanimité dans ses rangs, le Comité d'Éthique annonce son avis favorable à l'extension de la PMA entérinant ainsi, et quasiment dans les mêmes termes, la promesse de campagne d'Emmanuel Macron. « En même temps », il invoque la nécessaire « reconnaissance de l'autonomie des femmes et la relation de l'enfant dans les nouvelles structures familiales, se déclare « sensible » aux conséquences pour l'enfant « de l'absence d'altérité masculin-féminin dans la diversité de sa construction psychique », admet que cette pratique institutionnalisera une « absence de père *ab initio* » propice aux instrumentalisations mais en retire ne pas y voir un « obstacle infranchissable ». Faisant valoir que « la famille est en mutation » et qu'à l'instar des modes de procréation, elle change plus vite que nos représentations, il ajoute être également favorable à la PMA *post mortem* ainsi qu'à la levée de l'anonymat pour les donneurs de sperme mais, là encore dans le fil de la pensée présidentielle, réaffirme l'interdit sur la GPA et préconise, sur la fin de vie, de ne pas modifier la loi Léonetti. Pour autant, Jean-François Delfraissy se distingue en jugeant qu'une révision annuelle serait « un bon modèle » !

Les modalités pratiques ? On perçoit un flottement. Le CCNE ne dispose que d'un avis consultatif, n'entend pas sortir des principes et veut laisser son temps propre à la construction de la loi. Aussi l'hésitation est-elle grande à s'engager sur ce terrain qui, après tout, est du ressort des politiques. La balle ira à l'Assemblée nationale, au Sénat, à l'Élysée. Soit, mais au moins la question de la prise en charge, du remboursement ? « Nous ne sommes qu'au début de quelque chose de totalement nouveau et on n'échappera pas à ces discussions sur le coût financier des décisions d'ordre éthique » dira Jean-François Delfraissy aux députés de la Commission sociale qui l'auditionneront, ajoutant prudemment : « Pour moi, c'est le temps zéro de la bioéthique. Il faut poursuivre le débat. » Le 14 mars 2019, Édouard Philippe, invité de « L'Émission politique » sur *France 2*, déclarera sans ambages à Léa Salamé : « Si on y va, on y va vraiment ! », la satisfaction catégorielle ne dépendant pas de la même table horaire que la réflexion morale.

Philosophe, psychanalyste, professeur à l'École des Mines, Cynthia Fleury défend les travaux du Conseil consultatif national d'éthique dont elle est le plus jeune membre en insistant sur la volonté qui y préside d'élaborer très concrètement un éventuel monde commun et plus généralement d'instaurer un dialogue fécond entre la science et la société : « Le CCNE n'est pas là pour se substituer, dans une approche paternaliste, à la réflexion ou à la décision de la société. Il cartographie les controverses en présence, expose des arguments, explique des raisonnements, déplie la complexité des positions et accompagne la délibération de chacun. La majorité des membres du CCNE s'est prononcée pour la recommandation d'ouverture de la PMA aux couples de femmes et aux femmes seules, sous réserve de la prise en compte de conditions d'accès et de faisabilité. Pour autant, le CCNE a considéré que la charge pécuniaire de l'utilisation des techniques de la PMA hors des indications médicales ne saurait porter sur les moyens financiers de l'assurance-maladie. Par ailleurs, comme il arrive assez régulièrement au CCNE, l'avis comporte une position divergente qui recommande le *statu quo.* »

Romancière et essayiste, Éliette Abécassis entend tout autrement l'urgence. Cofondatrice, avec la philosophe Sylviane Agacinski et la juriste Marie-Anne Frison-Roche, du Collectif pour le respect de la personne (Corp), elle s'insurge contre la gestation dans *Bébés à vendre*, pamphlet qu'elle a publié chez Robert Laffont : « La GPA interroge notre société en profondeur car elle pose en particulier la question suivante : la science et le progrès de la médecine associés au marché vont-ils décider de l'avenir de l'homme à travers une nouvelle conception de la filiation et de l'humanité ? L'homme peut-il encore décider de son avenir en tant qu'humain, et selon quels critères ? » Et elle ajoute : « Si la France se trouve être parmi les pays qui résistent encore à la généralisation de la vente des bébés, c'est parce que la philosophie morale utilitariste n'a pas de prise dans ce pays, puisqu'il s'agit de traiter autrui comme une fin et jamais comme un moyen. »

Certes, il n'y a pas lieu d'opposer Cynthia Fleury et Éliette Abécassis qui, par ailleurs, rejette toute confusion entre la PMA et la GPA. Mais on peut suggérer que leur différence de sensibilité, sans préjuger de leur conviction intime ou de leur parcours existentiel, tient à la place que chacune d'entre elles réserve au récit biblique dans son œuvre : minime chez Cynthia Fleury, significative chez Éliette Abécassis. Un écart symptomatique de l'époque. Plus profondément et plus largement, vis-à-vis d'une législation sans cesse révisable au sein d'une démocratie où, selon le pronostic de Tocqueville, les minorités militantes l'emporteront toujours sur la majorité impavide, quels sont les leviers de résistance face aux puissances de la technique et du marché ? Précisément, les religions ont-elles leur mot à dire, ainsi que le président de la République les y invite ? Et si oui, pour se prononcer en conscience ou pour se rallier consensuellement ?

Sur le front bioéthique

Retour, en cette fin du mois d'octobre 2018, à l'Assemblée nationale et aux auditions de la Commission puisque cette fois, ce sont les représentants des cultes qui sont conviés à s'exprimer. Première surprise, la composition du panel retenu où ne figurent ni les orthodoxes, ni les bouddhistes : si François Clavairoly, le président de la Fédération protestante, est là, Anouar Kbibech, censé représenter l'islam, n'est plus le président en exercice du CFCM depuis un an ; si Mgr Pierre d'Ornellas, qui siège à Rennes, est effectivement en charge du groupe bioéthique qui a été créé un an plus tôt au sein de la Conférence des évêques de France, le rabbin de Neuilly Michaël Azoulay, neveu de l'ancien grand rabbin Joseph Sitruk et successeur de Josy Eisenberg à la tête de « Judaïca » sur *France 2*, est certes compétent dans le domaine pour avoir été membre du Comité consultatif national d'éthique de 2008 à 2013, mais non sans avoir légitimement contesté son non-renouvellement comme une éviction déguisée. De surcroît, seconde surprise, les quatre invités ont à s'exprimer ensemble lors d'une table ronde animée par le rapporteur Jean-Louis Touraine, à croire donc que tous les discours religieux n'en font au mieux qu'un.

« Notre souci est d'interpeller et non d'imposer ». François Clavairoly donne le ton. Il ne s'agit pas de provoquer la confrontation, mais d'échanger en bonne intelligence. Les trois autres, à tour de rôle, insistent sur ce qui les rassemble, la sacralité de la vie notamment, et sur la similitude des questions qui se posent à eux. Pourquoi ne pas adopter les innovations techniques qu'offre la science puisqu'y recourir est possible ? Pourquoi ne pas le faire puisque d'autres le font ? Et pourquoi ne pas les accepter puisque l'opinion y est favorable ? À ces interrogations, les réponses, également analogues, sont que le possible n'est pas forcément le souhaitable, que la France n'a pas à dupliquer obligatoirement les choix que d'autres pays ont effectué mais dont ils n'ont pas encore évalué les conséquences, que l'opinion majoritaire est un élément d'appréciation qui reste à être jaugé et n'a pas par soi à être nécessairement suivi.

Les inquiétudes sont également partagées, autant sur l'ouverture de la PMA aux lesbiennes que sur la marchandisation du corps inhérente à la GPA et que sur la légalisation de l'euthanasie. L'attachement à l'altérité sexuée comme fondement du couple est général, de même qu'à une certaine naturalité du naître et du mourir. À partir de là, les différences d'approche jouent, d'une confession à l'autre, mais aussi au sein d'une même confession, aucune n'étant exempte de doutes et de débats qui peuvent la porter en bordure de la division.

Pour François Clavairoly, qui salue le progrès en matière d'infertilité, les protestants, à tout le moins de tradition libérale plutôt qu'évangélique, ne sont pas très loin d'une approbation de la PMA sous certaines conditions. Michaël Azoulay insiste sur le caractère fondamental de la filiation dans la tradition juive qui prescrit la nécessité d'établir en certitude les figures paternelle et maternelle, mais aussi le devoir de procréation, lequel fait qu'à ce titre, et en principe, cette même tradition peut se montrer favorable à la PMA comme à l'autoconservation ovocytaire. Anouar Kbibech pose au préalable que, selon la religion musulmane, tout est permis sauf ce qui est explicitement interdit. Trois principes guident néanmoins l'approche de l'islam sur ces questions : la sacralité de la vie, la préservation de la filiation, la préservation des droits de l'enfant. Moyennant quoi la PMA ne peut être légitime que si l'ovule et le spermatozoïde appartiennent aux parents de l'enfant à naître. Mgr Pierre d'Ornellas rappelle la doctrine catholique et le pourquoi de son rejet de la PMA selon deux instances éthiques qu'elle juge essentielles : la dignité de l'embryon, qui doit être respecté en tant que personne humaine, la dignité de la procréation, qui doit avoir lieu dans le mariage et dans l'acte conjugal compris comme donation mutuelle des conjoints, l'enfant étant un don et non pas un dû.

Sur les autres sujets la convergence est plus nette. Tous considèrent, au nom de la loi divine, au nom de la loi naturelle ou par refus moral de l'instrumentalisation du corps et du tiers, que la GPA représente une forme de déshumanisation. Il est absolument illicite de faire intervenir un facteur tiers. Quant à l'accompagnement de fin de vie, tous se montrent opposés à l'acharnement thérapeutique, certains favorables à la possibilité de limiter les traitements, mais rejettent unanimement l'euthanasie, le principe commun tendant à assumer que personne n'est propriétaire de la vie et que nul ne peut donc en disposer.

Mais chacun aussi y va de sa partition quant à la nature même de cette rencontre. Pour François Clavairoly, sur le vivre et le mourir, les religions ont une certaine expertise qu'il ne s'agirait pas de négliger, bien qu'il n'y ait en aucune sorte un front commun des religions à ce sujet comme d'ailleurs à un autre. Michaël Azoulay souligne la culture du débat à laquelle est attaché le judaïsme et qui triomphe dans la conversation talmudique, laquelle est sans tabou mais porte l'ambition de donner sens au sens. Anouar Kbibech invoque le bon exemple de climat irénique et de participation qu'ont donné de telles consultations lors de la Cop 21, sur la sollicitation de Nicolas Hulot. Chacun est dans son registre et Pierre d'Ornellas aussi. Pour lui, la question centrale demeure de savoir comment la raison peut-elle conjuguer l'intérêt général et les intérêts particuliers. Les paradoxes qui en ressortent nous obligent à nous demander, lorsque nous légiférons quel type de société nous voulons transmettre aux générations futures. Or, le système français de bioéthique qui existe depuis un quart de siècle a érigé un modèle fondé sur la dignité. Faut-il le poursuivre ou faut-il s'aligner sur le « moins-disant » éthique en diabolisant tous ceux qui s'y opposent en les qualifiant de « conservateurs » et en exaltant tous ceux qui s'y rallient en les qualifiant de « progressistes » ?

« Vous êtes dans votre rôle et nous sommes dans le nôtre qui consiste à laisser le débat se tenir » tranche Jean-Louis Touraine non sans immédiatement ajouter que « L'État est neutre et doit légiférer pour tous ». Les attitudes et les propos du député LREM, censé n'être que le rapporteur de la commission, semblent indiquer qu'à rebours de sa mission de consultation, il s'est fait depuis longtemps sa propre religion en la matière, laquelle est favorable en bloc aux avancées, quelles qu'elles soient. Il se laissera même aller à glisser à un moment : « La plus importante des parentalités, c'est celle de l'amour », appelant une citation de

Pagnol à l'aide de son affirmation : « Le père, c'est celui qui aime ! » Devant la valeur quasiment révélée accordée à la fameuse apostrophe de César à Marius, les représentants des trois monothéismes invités à s'exprimer en resteront cois.

Passage par le Conseil d'État

Un mois avant que ne commencent les auditions parlementaires, le Conseil d'État, naturellement sollicité, a rendu son avis. Héritière du médiéval et monarchique Conseil du roi, l'institution, refondée par Napoléon Bonaparte sous le Consulat, joue un rôle éminent dans la Ve République, dont celui de constituer la plus haute juridiction administrative. Mais sa première fonction est de dire le droit, d'en vérifier la conformité aux engagements internationaux, de contribuer à établir la norme, de conseiller le gouvernement et de l'aviser sur les projets de loi qui nécessitent qu'il soit consulté au préalable. Sa présidence théorique revient au chef de l'État mais est exercée, en pratique, par le vice-président qui, en tant que premier fonctionnaire de France, présente les vœux des corps constitués au locataire de l'Élysée.

Sous le mandat de Jean-Marc Sauvé, entre 2006 et 2018, le Conseil d'État a connu une inflation d'affaires religieuses dont la question du voile ne représente que le pic émergé. Il lui a fallu ainsi traiter, entre autres, de l'installation des crèches dans les lieux publics à l'occasion de Noël, qu'il n'a pas prohibée au titre de la distinction entre le cultuel et le culturel, à l'interdiction du burkini sur les plages arrêtée par divers maires qu'il a levée au nom des libertés individuelles garanties par la loi. Sur ce dernier point, il se dit, manifestation supplémentaire d'ambivalence, qu'en cet été 2016 et à la veille de quitter Bercy, le ministre Macron, exaspéré par la provocation qu'il aurait vue dans cette manifestation « ostentatoire », était très tenté de soutenir les édiles locaux avant de se ranger, par prudence, à la décision des sages du Palais Royal.

Catholique de conviction, joliment décrit par *La Croix* comme « un homme de foi et de loi », Jean-Marc Sauvé a accepté de consacrer sa retraite de serviteur de l'État au service de l'Église en prenant la présidence de la commission que l'épiscopat a mise en place pour examiner les crimes de pédophilie commis par des membres du clergé. Issu également d'un milieu catholique, également animé par une conception impartiale de sa mission, Bruno Lasserre, son successeur, présente néanmoins un profil plus libéral. Et, pour cette raison, coïncide sans doute mieux avec la sensibilité d'Emmanuel Macron, particulièrement sur l'appréciation du fait religieux.

Le mercredi 11 juillet 2018, Bruno Lasserre, accompagné de Martine de Boisdeffre en charge de la section des études, rend le rapport que le Premier ministre Édouard Philippe a commandé au Conseil d'État afin « d'éclairer le gouvernement » sur les dimensions juridiques de la révision de loi de bioéthique qui est programmée pour 2019. En effet, le législateur a prévu que les dispositions adoptées dans ce domaine devaient être réexaminées, revisitées et revues tous les sept ans à l'aune de l'évolution des savoirs, des techniques, mais aussi des mœurs. Une telle mobilité induit une relativisation qui ne peut qu'inquiéter les cultes pour lesquels il est des vérités inamovibles d'ordre anthropologique et moral. Or la révision porte sur la naissance, l'union, la mort, soit le sens de la vie et de sa transmission, ce qui ne peut que mobiliser les convictions et les croyances les plus intimes comme l'ont montré la consultation nationale sous la forme d'états généraux et l'agitation sur les réseaux sociaux, cristallisant l'opinion en camps du pour et du contre.

À côté des juristes, des philosophes, des médecins, des sociologues, des acteurs et des militants, Bruno Lasserre et Martine de Boisdeffre ont donc pris soin de solliciter des représentants des trois monothéismes. Assistés d'experts, les membres désignés pour participer à cette étude, au nom d'une petite trentaine, ont ainsi travaillé pendant sept mois avec pour principe directeur de garder « un esprit objectif de prévenance et de modestie » à l'égard de « l'intime ». Mais non sans se confronter à un casse-tête où sont venus s'enchevêtrer l'irréductibilité de la personne et du consentement autonome, l'aspiration égalitaire ou libertaire à la reconnaissance communautaire ou individuelle, l'érosion des mesures territoriales sous le double effet de la mondialisation et d'internet, la préservation compétitive du modèle français et le refus de sa dissolution dans la course planétaire au moins-disant éthique sous prétexte que d'autres pays l'ont fait.

Le Conseil d'État ne tranche pas, n'édicte pas, n'impose pas de choix. Il recense et commente les options à l'usage du gouvernement et du parlement, mais il le fait clairement. Sur la PMA, il retient pour principe qu'il n'existe pas de droit à l'enfant. Aussi seul l'intérêt de l'enfant doit-il guider le législateur, quoique rien ne permette d'affirmer que ledit intérêt serait mieux assuré et gardé par un couple hétérosexuel que par un couple homosexuel. Il retient aussi le principe de l'anonymat et de la gratuité du don, tout en laissant entrouverte la possibilité à celui ou celle qui serait issu d'un tel mode de fécondation d'avoir accès, à la majorité et s'il le souhaite, à l'identité du donneur. Il omet de se prononcer, en revanche, sur les questions de l'extension de la PMA aux femmes seules et de la PMA *post-mortem*. Quant à la GPA, l'option en soi n'est pas retenue en raison de la contractualisation du corps humain qu'elle implique et ce, même en l'absence de transaction financière.

Sur la fin de vie, le Conseil recommande de conserver le cadre actuel et de ne surtout pas le modifier en légalisant le suicide assisté. Au terme d'une analyse fouillée, l'étude conclut au caractère satisfaisant de la loi Léonetti qui répond à l'état actuel des demandes. La solidarité et la dignité sont structurantes dans le modèle français et ne sauraient s'accommoder de la notion d'inutilité appliquée au fait de l'existence humaine quels qu'en soient le mode ou la manifestation. Les options exposées, insiste Bruno Lasserre, ne constituent pas des mises en garde. Il s'agit d'éclairer le gouvernement. Il souligne néanmoins que le choix d'étendre la PMA n'implique pas d'ouvrir le droit à la GPA et conclut par ces mots sibyllins : le droit de la filiation porte sur la mère qui accouche.

Est-ce une manière d'établir clairement que la femme qui accouche est la véritable mère sans conteste possible ? Je me hasarde à poser une question sur ce point énigmatique à force d'évidence affichée. Comment s'extraire de l'ordre du principe axiomatique sur un tel sujet et l'établir en certitude, de manière universelle ? Le vice-président élude ma demande de précision en se livrant à des considérations générales qui renvoient au caractère à la fois indépendant et collégial du Conseil d'État, neutralité oblige. À la sortie, un jeune confrère m'accoste et me confie que, de ses études en droit, il garde en tête que le langage juridique a pour avantage qu'il permet de véhiculer les convictions les plus fortes sous une apparence des plus neutres. C'est exact. Également formé au droit, j'aurais dû m'en souvenir.

Ce à quoi je pense cependant est que le rapport du Conseil, tel qu'il a été rendu, converge avec le pacte que, murmure-t-on, le président Macron aurait implicitement scellé avec les chefs des cultes et dont la GPA était de toutes les façons exclue : l'extension de la PMA, découlant de l'adoption du mariage pour les personnes du même sexe et s'appliquant somme toute à une part marginale de la population, contre la préservation de la loi Léonetti sur la fin de vie concernant les Françaises et les Français dans leur ensemble. Un donnant-donnant, libéral d'un côté, conservateur de l'autre, apte à contenter les électorats de gauche et de droite, à déminer et à assurer transitoirement la paix civile comme figure ultime de l'« En même temps ».

Bousculade institutionnelle

L'annonce claque dans *L'Opinion* du 5 novembre 2018. Elle est confirmée sur le principe, sans commentaire et sans agenda, par la ministre de la Justice Nicole Belloubet, le jour même. Emmanuel Macron veut modifier la loi de séparation de 1905. Comment ? « Il pourrait l'amender », « il entendrait l'adapter », « il voudrait la ripoliner », « il envisagerait de lui faire un lifting » : les formules journalistiques employées traduisent l'embarras des médias tant on sait le sujet sensible. Le conditionnel est de rigueur. Toujours selon *L'Opinion*, un avant-projet gouvernemental serait déposé dans les premiers mois de 2019, précédé de l'Arlésienne qu'est devenu le discours du chef de l'État sur la laïcité.

Il n'est pas question, précise encore le quotidien, de toucher aux premiers articles de la loi qui établissent la neutralité de l'État vis-à-vis des cultes mais uniquement à ceux qui concernent le régime des cultes. L'objectif, pour autant, n'est pas dissimulé : face à l'intégrisme islamiste, il s'agit de poser un cadre et des règles à l'islam de France, de prévenir les dérives présentes ou futures, de responsabiliser les gestionnaires des mosquées, de réduire l'influence étrangère quoique sans absolument la proscrire et, pour cela, de diversifier les ressources y compris en faisant un accroc à la règle sacro-sainte de la séparation et, au besoin, en prévoyant des aides indirectes de l'État.

C'est un choc. Qu'est-ce que le président de la République a en tête ? Surtout, quelle conception se fait-il vraiment de la laïcité ? Et de son rôle de garant à l'égard de ce principe ? Il semble donner raison au dossier de *L'Express* publié quasiment un an plus tôt, en janvier 2018, sur sa relation au fait religieux et dans lequel Corinne Lhaïk, quelque peu prédestinée par son patronyme si l'on peut dire, confesse sa perplexité d'éditorialiste tant les signaux envoyés par Emmanuel Macron sur ce sujet ressortent contradictoires.

Pêle-mêle, au cours de sa campagne, Emmanuel Macron aura pu déclarer à *Marianne*, à *Challenges*, à *La Croix*, au *Journal du Dimanche* d'un côté que « la laïcité, ça n'est pas la négation des religions ; c'est la capacité à les faire coexister dans un dialogue permanent », qu'« un pratiquant peut considérer que les lois de la religion dépassent les lois de la République » et qu'« il existe une vision revancharde de la laïcité », de l'autre côté que « dans le champ public, les lois de la République prévalent sur les lois religieuses », que « si la liberté de conscience est totale, l'intransigeance quant au respect des lois de la République, elle, est absolue » et que « certaines tendances d'un islam particulièrement rétrograde entendent provoquer des réactions négatives qui se retournent ensuite contre la laïcité ». Il aura pu s'entourer du politique François Pupponi, champion de l'anti-islamisme, et du sociologue Jean Baubérot, défenseur des accommodements, du philosophe Laurent

Bouvet, animateur du Printemps républicain, et de l'abbé Pierre-Hervé Grosjean, proche de La Manif pour tous.

« Je ne suis pas multiculturaliste au sens du modèle canadien [...] Je crois à la laïcité de 1905 » aura affirmé le candidat aux reporters de presse, « je ne veux pas d'une radicalisation de la laïcité » dira le président aux responsables des cultes. Un balancement que traduit son premier gouvernement : tandis que Marlène Schiappa publie *Laïcité, point!* aux éditions de l'Aube et que Jean-Michel Blanquer fonde un Conseil des sages de la laïcité, Gérard Collomb négocie un nouvel esprit de partenariat avec les grandes institutions religieuses et Jean-Yves le Drian rassure les cercles humanistes dont il est considéré proche, les deux derniers se déclarant par ailleurs attachés à leur catholicisme de naissance.

L'effet de surprise est d'autant plus fort que, si depuis son élection, le président Macron a beaucoup consulté sur ses sujets, le candidat Macron stipulait dans son programme que « la place de l'islam, deuxième religion pratiquée dans la France contemporaine, n'appelle pas à une révision de la loi de 1905 qui a posé les bases de la laïcité à la française ». Dans l'entourage du chef de l'État, on cherche à désamorcer la bombe à retardement en faisant valoir que cette loi est un « faux totem » ; au ministère de l'Intérieur, au ministère de la justice, que la loi de 1905 a été déjà amendée à de multiples reprises en oubliant de préciser que les rares modifications intervenues correspondent à des ajustements techniques, jamais à des changements sur le fond ; dans les travées des parlementaires LREM que la question est bénigne et marginale. Ici et là, on susurre que l'on a échappé au vrai rêve qu'avait caressé un moment Emmanuel Macron, celui d'un nouveau Concordat, empêché par l'article 1er de la Constitution en vertu duquel la France est une République laïque, le régime en vigueur en Alsace-Moselle formant un reliquat historique à titre exceptionnel et transitoire.

Les réactions et les ripostes ne tardent pas, pour beaucoup virulentes, voire véhémentes. « Islam, ne touchez pas à la loi de 1905 », la tribune que Jean-Éric Schoettl publie dans *Le Figaro* du 14 décembre 2018, tranche par sa visée. L'ancien secrétaire général du Conseil constitutionnel juge tout bonnement superfétatoire cette mesure : « Plutôt que nous doter d'un marteau-pilon qui n'écrase aucune mouche, intensifions la lutte contre le terrorisme, le communautarisme et les discours de haine. La réponse au péril intégriste consiste non à modifier la loi de 1905 mais à combattre le fanatisme religieux, que ce soit dans le domaine éducatif (école) ou régalien (développement du renseignement, information des responsables publics, renforcement des possibilités de fermeture des mosquées radicales) ».

Fait-il sens pour Emmanuel Macron d'ouvrir une telle boîte de Pandore qui risque de susciter une nouvelle fièvre et de déchaîner des passions indésirables au sein d'une France déjà divisée ? Pense-t-il qu'il est temps d'adapter le pays à la reconnaissance dont bénéficient désormais les religions historiques auprès des instances de l'Union et que cette marche vers une européisation de plus presse ? Faut-il y voir la marque d'une inexpérience insouciante des grands équilibres symboliques ? Ou d'une volonté obstinée à conformer la communauté nationale à sa cosmogonie intime teintée d'aspiration démiurgique ? « La laïcité a été bousculée », dira le lundi 10 décembre 2018 le président de la République lors de son allocution télévisée prononcée dans l'espoir d'éteindre la crise des gilets jaunes. Mais bousculée par qui, sinon lui ?

Incertitudes

Qu'apprend-on de Péguy journaliste ? Que la réalité nécessite d'être sans arrêt, continuellement, inlassablement décryptée à nouveaux frais. Que l'événement ne surgit jamais où on l'attend, qu'il est reconnaissable précisément au fait qu'il échappe aux catégories dans lesquelles on a tendance par paresse, par habitude, par commodité, à l'enfermer. Qu'un intellectuel qui ne pense pas le quotidien ne sert à rien. Les Cahiers constituent pour lui un instrument de combat pour la vérité. Combat contre le cléricalisme institué, sacré ou profane, qui menace toute conviction religieuse ou politique qui refuserait le retour critique sur soi et combat, en conséquence, pour la laïcité qui préserve chacun des deux ordres, spirituel et temporel, d'une dangereuse confusion. Mais qui lit encore Péguy ? Emmanuel Macron l'a cité à quelques reprises par le passé, mais depuis longtemps déjà, dans sa rhétorique, la référence à l'auteur de *Notre jeunesse* a disparu des radars.

D'autres écueils fragilisent le discours présidentiel. « Il n'y a pas une culture française, il y a une culture en France et elle est diverse » avait déclaré le candidat durant la campagne. Le thème du multiculturalisme, qui persiste chez certains militants d'En Marche, a-t-il disparu ou le verra-t-on recyclé ? Pourquoi Emmanuel Macron a-t-il humilié Jean-Louis Borloo, auquel il avait commandé une étude sur les banlieues, en déclarant publiquement : « Quelque part, ça n'aurait aucun sens que deux mâles blancs ne vivant pas dans ces quartiers, s'échangent un rapport » ? Comment élude-t-il le fait que François Hollande a pu évoquer une « menace de partition » auprès de Gérard Davet et Fabrice Lhomme dans l'ouvrage *Un Président ne devrait pas dire ça ?* Ou que Gérard Collomb, lors de sa démission du ministère de l'Intérieur, a dit craindre l'éventualité d'un « face-à-face » ?

Mais ce n'est pas tout. S'en remet-il à ses visiteurs du soir, ou qui aimeraient l'être, Jean Baubérot pour qui lutter contre l'islamisme sans immédiatement le rattacher aux inégalités sociales est faire preuve d'« intégrisme musulman », Alain Minc pour qui s'impose un « moratoire » de la laïcité ? Aurait-il, comme l'affirme le journaliste Yves Mamou dans *Le grand abandon* publié chez les Artilleurs, consigné dans une première « feuille de route » l'hypothèse d'en finir avec 1905 et d'étendre le Concordat à l'ensemble du territoire ? Entend-il l'écrivain et dissident Boualem Sansal qui voit dans les mesures préconisées, redevance sur le Halal, formation des aumôniers, instauration d'un grand imam, enseignement de l'arabe aux écoliers, un plan d'islamisation similaire à celui que le pouvoir a mis en place dans les années 1980 en Algérie ? Faut-il conclure qu'il n'aurait retenu de Paul Ricœur qu'une vague politique d'« accommodements raisonnables » susceptible de lui gagner les religions et leurs adeptes ? En d'autres termes, où va le président Macron ?

Cette question, je l'ai retrouvée entière au cours de mon enquête en diverses circonstances et chez plusieurs interlocuteurs. Mais aussi des événements qui l'ont parsemée et qui balaient les schémas de pensée tout faits. Il me faudrait évoquer le colloque international qui s'est tenu à Marrakech à l'automne 2018, consacré à « Judaïsme marocain, pour une marocanité en partage » et contemporain de la visite d'Emmanuel Macron pour l'inauguration, au côté du roi Mohammed VI, du nouveau TGV qui relie Tanger à Casablanca. Il serait bon de citer les réflexions d'Aziz Rifki, Jamaa Baïda, Ahmed Herzanni ou de Michel Abitbol, Ariel Danan et de tant d'autres, universitaires ou artistes des deux bords, sur l'exception que constituerait le royaume chérifien auquel la France désire déléguer la formation de ses imams. Un effet de vitrine, diraient certains. Je m'en tiendrai donc à ma conversation, au bord de la piscine du Savoy, avec Simon Serfaty, professeur de relations internationales à l'université Old Dominion en Virginie et directeur du centre Zbigniew Brzezinski à Washington.

Maniant un français parfait, fin connaisseur de l'hexagone, le politologue américain jette un regard sans concession sur le mandat actuel : « Comme Donald Trump, Emmanuel Macron a été élu pour ainsi dire à son insu, de manière baroque, et au bénéfice des erreurs, des fautes et des échecs d'autres candidats plus qualifiés. Son manque d'expérience en termes de gouvernement, mais aussi de vie à certains égards, souligne son caractère de brillant élève de Sciences Po, quoique promo 2008 et non pas 2018, l'école elle-même ayant beaucoup changé entre-temps. Ses talentueux et beaux discours, si patinés, en témoignent. Il a la volonté de refonder la société française, qui en a besoin, mais le temps que laissent les démocraties pour agir est désormais raccourci. L'histoire, y compris française, montre que souvent il vaut mieux avoir pour président un épicier qu'un esthète. »

Il me faudrait aussi dépeindre Varsovie frappée par le malheur alors que j'ai été invité à disserter, à l'université, des sources de la pensée d'Emmanuel Levinas. Mon hôte, le professeur Andrzej Leder, m'annonce que Pawel Adamowicz, le maire de Gdansk, vient de succomber à ses blessures ce lundi 14 janvier 2019, après avoir essuyé plusieurs coups de couteau lors d'une soirée caritative organisée au profit de la Fondation Wosp. Opposant démocratique au pouvoir populiste, il était devenu sur les réseaux sociaux la cible désignée des officines nationalistes. Mais ce mal, ce déchaînement de haine et de violence, ne touche pas que la Pologne où la mémoire de la Shoa reste difficile, la Hongrie où Viktor Orban en appelle à la « chrétienté », ou le reste de l'Europe orientale. Elle gagne l'Europe occidentale et s'étend à la France à contempler le triste spectacle des casseurs issus des deux extrêmes qui se sont emparés du mouvement des gilets jaunes et leurs manifestations d'un antisémitisme viscéral sous couvert d'« antisionisme ». Mais aussi, lorsque quatre ans après l'attentat de *Charlie Hebdo*, la journaliste Zineb El Rhazoui reçoit des centaines de menaces de mort pour avoir déclaré que l'islam doit se soumettre à la critique, à la raison, à l'humour, au droit français. Face à cette déferlante, que reste-t-il des professions d'irénisme religieux qu'affectionne le champion du renouveau européen qu'entend être le président de la République ?

Sans doute me faudrait-il enfin relater le colloque qui s'est tenu à Paris, au Sénat, ce haut lieu de réflexion par trop méconnu, sous la houlette de Nathalie Goulet en novembre 2018 alors qu'Emmanuel Macron avait entamé son « itinérance mémorielle » autour du centième anniversaire de 1918. « Quelles ripostes face à l'extrémisme ? » De manière significative, des politologues aussi différents que Jean-Yves Camus et Dominique Reynié y ont souligné la nécessité de ne pas plaquer l'ancien sur le nouveau et de bien saisir l'impact singulier que représente la mondialisation si l'on veut analyser et comprendre la virulence des convulsions présentes. Le directeur de la Fondation pour l'Innovation politique confesse surtout qu'étant né en 1960, il n'a jamais eu l'occasion de parler de religion ni avec ses professeurs, ni avec ses camarades lors de ses études à Sciences Po. Or, pour Dominique Reynié, cet angle mort représente un défi pour l'Europe sécularisée, obligée de constater que la globalisation a partie liée avec le fait religieux. La sénatrice de l'Orne Nathalie Goulet rebondit sur ce dernier propos : « C'est vrai que les politiques ont été dans le déni. On n'a pas voulu voir et on est arrivé à une impasse. Ce qui manque aujourd'hui, c'est une volonté politique. Ce qu'il faut, c'est un leadership. »

Mais lequel ? Au lendemain de la publication d'un dossier sur la laïcité dans *L'Opinion*, je rencontre Pascal Perrineau, l'ancien directeur du Centre d'étude de la vie politique française, le Cevipof. La chute de popularité du président, l'usure rapide et profonde de sa posture et de sa politique au bout d'un an et demi de pouvoir sont au menu. Certes, la situation est classique. Pour des raisons qui tiennent à sa fulgurante et irrésistible ascension, certains pensaient qu'Emmanuel Macron échapperait à la règle. Las, dans la situation actuelle, compte tenu du champ de ruine laissé derrière lui, aucun parti ne parvient à retrouver sa place. Il n'y a pas d'opposition, mais des oppositions en état de grande faiblesse et, en fait, plus d'intermédiaires entre l'opinion, voire la rue et l'Élysée. « L'hiver des démocraties », selon la formule de l'historien Guy Hermet, semble frapper de plein fouet la France. Outre l'essoufflement général du système, Pascal Perrineau note la mauvaise comparaison avec les années 1930, la désinvolture affichée des petites phrases et des images tapageuses, la concentration retardataire sur les citoyens d'en haut plutôt que d'en bas comme autant de coups de canif portés à une promesse par ailleurs forte : « Sa chute de popularité n'est pas méritée, mais il l'a bien cherchée. »

L'analyste, tout d'un coup, cède la place au citoyen engagé qui est d'avis qu'on ne doit pas attenter, « absolument pas », à ce qui constitue, *nolens volens*, le socle républicain. Pascal Perrineau insiste : « Ce que j'ai lu de ses intentions relativement à la laïcité me paraît imprudent ! » Et de conclure : « S'il décide d'y toucher, il prend un grand risque. Celui d'ouvrir un front de plus alors qu'il en a déjà suffisamment ouvert. Mais aussi celui d'ajouter à son image de président de riches celle d'un président complaisant envers les communautarismes. »

La crise de confiance est là, profonde, multiforme. Quelles seront ses conséquences sur le dialogue avec les religions, sur l'organisation de l'islam, sur le débat afférent aux questions bioéthiques ? Ces items seront-ils relégués aux marges, remis aux calendes grecques, gelés avant d'être scotomisés ? Ou la conviction qui anime Emmanuel Macron sur ce sujet fera-t-elle qu'il continuera à les assumer comme un levier de réforme ? Mais au fond s'agit-il vraiment chez lui d'une conviction ?

Silences partagés

L'échec du président de la République à refonder le couple franco-allemand, pourtant la clé de sa volonté de redressement économique, est également significatif de sa difficulté à redéfinir la laïcité. Un système que nos voisins d'Outre-Rhin ne comprennent pas tant, pour eux, il n'y a pas lieu d'opposer le politique et le religieux comme en témoignent les dialogues entre le philosophe Jürgen Habermas et le cardinal Joseph Ratzinger, futur Benoît XVI, sur le « constitutionnalisme européen ». La « guerre des deux France » comme le disait Émile Poulat a défini un modèle singulier, avec ses avantages et ses inconvénients, qu'ébranle toutefois la mondialisation. La question est désormais de savoir si Emmanuel Macron réussira à faire franchir aux Français ce stade historique où les religions deviendraient des partenaires de réflexion civile et cesseraient d'être des objets de récupération idéologique. Un pari incertain. Le chef de l'État est-il encore prêt à le courir ? Et lui en reste-t-il les moyens ?

Aborder le sujet par la périphérie, d'abord les responsables des cultes, les penseurs du fait religieux, les spécialistes des religions puis passer de l'autre côté et scruter les arcanes du pouvoir, les experts en charge de rédiger les notes, les conseillers, les proches : c'est ainsi que j'avais prévu de mener mon enquête. Las, une fois terminée la première partie, tout s'est brusquement délité avec le grand mouvement de bascule qui s'est opéré entre l'été et l'automne 2018 et qui, par-delà les défauts de communication sur les crises et les affaires, s'est traduit par une déconnexion brutale entre le pouvoir et le peuple. La « disruption » qu'Emmanuel Macron avait convoquée lors de la conquête se retournait contre lui au point de provoquer la débâcle. Sylvain Fort, Benjamin Griveaux, Christophe Castaner, pour ne citer qu'eux et entre autres « mormons » des commencements, ont opposé à mes demandes d'entretien un silence de plomb.

Il en est allé ainsi et autrement de François Sureau, écrivain, avocat et catholique de grande discrétion qui fréquente Emmanuel Macron que Brigitte lui a présenté du temps où elle enseignait au lycée jésuite Saint-Louis de Gonzague à Paris, que le magazine *M* présente comme « la mauvaise conscience du président ». On a perçu son influence dans certains discours élyséens, aux Bernardins bien sûr, mais aussi lors des obsèques de Jean d'Ormesson puisque l'Académicien lui avait confié dans un livre d'entretiens : « À l'enterrement de Malraux, on avait mis un chat près du cercueil, à celui de Defferre, un chapeau. Moi, je voudrais un crayon, pas d'épée, pas de croix, un simple crayon à papier. »

Ce personnage singulier dans le paysage intellectuel, défenseur des libertés publiques, fondateur avec son épouse Ayyam de l'association Pierre Claver qui sert la cause des demandeurs d'asile, aurait pour l'un de ses inspirateurs, dit-on, le juge américain Louis Brandeïs qui, proche des présidents Wilson et Roosevelt, considérait que le but de toute politique publique devrait être « le perfectionnement spirituel de l'homme ». Toujours est-il que François Sureau passe pour avoir rédigé, à la demande d'Emmanuel Macron, les statuts du mouvement En Marche. Le conseiller d'État Thierry Tuot qui les connaît bien l'un et l'autre estime que leur relation découle d'« une proximité liée à leur foi ».

Lors de notre échange de courriels, il a décliné avec courtoisie ma proposition que nous nous rencontrions, confessant sa passion pour les questions de religion et de spiritualité, mais aussi sa méconnaissance des sujets que j'entendais lui soumettre, dont l'organisation des cultes et plus particulièrement de l'islam de France. Sur la laïcité, interrogation manifestement dans l'air du temps, il se garderait bien du moindre commentaire sinon celui-ci : « C'est bien un sujet dont je n'ai pratiquement jamais parlé avec Macron, sauf pour lui indiquer qu'à faire le contraire de ce que pensent Collomb (sur la droite) et l'institut Montaigne (sur la gauche-relative), on est à peu près sûr d'avoir raison. Ce qui ne l'a pas beaucoup avancé ».

Une ultime rencontre s'imposait. Situé non loin de l'école d'architecture Camondo, le domicile de Christian Monjou ne lui ressemble pas. On s'attend à voir des tableaux de maître chez ce grand spécialiste de l'histoire de l'art et on ne voit que des livres autour de lui. Élégant, éclectique, plein d'esprit, l'homme a plaisir dans ses conférences à butiner d'un champ à l'autre. Un de ses autres domaines d'excellence tient dans les questions de pouvoir sur lesquelles il lui arrive de conseiller l'actuel hôte de l'Élysée au titre d'une ancienne longue relation. Agrégé d'anglais, spécialiste du monde anglo-saxon, enseignant-chercheur à Oxford, il a été directeur d'enseignement au lycée Henri IV à Paris et a eu à ce titre comme élève Emmanuel Macron en classes préparatoires. Le portrait qu'il en dresse est celui, connu, d'un jeune homme studieux, concentré et quelque peu isolé. Mais à l'évidence talentueux.

Les deux hommes sont-ils restés proches après les trois ans d'Henri IV? « Je n'ai pas beaucoup revu Emmanuel Macron dans un premier temps après son échec à Normale Sup, quand il est parti chez Paul Ricoeur, puis à l'ENA. Nous avons renoué parce qu'un ami à moi, Bertrand Badie, a été son enseignant. Puis nous avons commencé à échanger régulièrement des SMS quand il est entré à l'Élysée comme conseiller, puis lorsqu'il a pris Bercy. »

Cette relation s'est continuée après son élection, puis il y a eu l'affaire Benalla. « J'ai commencé à noter des réactions et des formules qui m'ont un peu étonné », dit-il. Il lui arrive d'être consulté ici et là sur l'un ou l'autre discours. Il l'a été aussi au sujet de la photo officielle, tout au moins sur sa première version, a simplement fait remarquer que le fond manquait de livres et des ouvrages ont été rajoutés. « Je pense que les gens qui trouvent les discours de Macron trop longs – et ils ont raison – doivent savoir que ce n'était pas Sylvain Fort mais le président lui-même qui les rallongeait. » On ne prête qu'aux riches, certains ont imaginé que Monjou avait eu une influence sur le rituel de la Pyramide du Louvre. Il s'en défend, juge l'idée « pas mauvaise » mais s'empresse d'ajouter : « Il aurait mieux valu éviter par la suite certains écarts de langage dissonants et perturbateurs. »

A-t-il décelé tôt chez Emmanuel Macron des qualités de chef charismatique ? « Oui, je pense qu'il a une vraie vision. Si on reprend les catégories de Wittgenstein, le *leadership* articule d'un côté la nécessité de la vision et de l'autre l'art du compromis. Le compromis, il y arrive, mais les compromis auxquels on est forcé sont toujours embêtants. Il vaut mieux les initier soi-même. » D'autres remarques ? « Son entourage est beaucoup trop monochrome, composé de personnes relativement jeunes, qui ont des carrières brillantes – on ne va pas le leur reprocher – mais qui n'ont pas l'expérience des échecs. » Et pour conclure ? « La première qualité du *leader*, c'est la communication. Pendant très longtemps, il n'y a pas eu de communication. On n'a pas pris le temps d'expliquer. On a prescrit, prescrit, prescrit sans articuler les prescriptions sur les descriptions. Les gens ont eu du coup du mal à suivre là où une présence sur le terrain était nécessaire auprès des plus fragiles et des plus vulnérables. On peut aussi parler d'une dimension de paternité qui fait peut-être défaut à la présidence de la République. En l'absence de paternité réelle dans le corps privé, il est difficile de l'assumer dans le corps public. »

Une précision de Christian Monjou me paraît extrêmement significative. Spécialiste de l'islam, protagoniste inlassable avec Gilles Kepel de la bataille sur la radicalisation de l'islam ou l'islamisation de la radicalité, Olivier Roy a dressé dans *La sainte ignorance*, paru au Seuil, une analyse comparative des religions contemporaines où le croire l'emporte parfois sur le savoir et l'émotion sur la raison dans un vaste élan de reconversion. Or, selon mon interlocuteur, Emmanuel Macron aurait une intelligence émotionnelle moindre que son intelligence intellectuelle. Sa volonté politique à l'égard du fait religieux serait-elle en quelque façon compensatoire ? « Je crois qu'il y a chez lui comme une tentation d'être le Grand. On l'a vu au sujet des affaires internationales, des affaires européennes où il n'a guère profité, il est vrai, de la chance. D'où, peut-être, le repli de cette ambition réformatrice sur des sujets tels que la laïcité. Mais là, je crie au casse-cou et j'aimerais bien que nous nous expliquions sur ses motivations. Mais honnêtement, je n'ai jamais eu de discussion poussée avec lui sur la laïcité, sinon par des voies détournées. »

Christian Monjou a connu Emmanuel Macron au sortir de la Providence. Est-ce que sa formation religieuse a beaucoup compté pour lui ? Est-ce qu'elle compte aujourd'hui encore ? « Il m'a semblé à un moment que des idées que je développais dans mon cours trouvaient un écho en lui. Notamment cette idée, à partir du sociologue Max Weber, qu'entre la conception catholique du travail comme salaire du péché et la variation réformée du travail comme perfectionnement de la création et bénédiction divine, il y a la possibilité d'un mieux vivre dès lors que s'exerce l'esprit de responsabilité qui fait bénéficier le grand nombre de la réussite. Cette dimension éthique l'a marqué sans doute, même si elle peut paraître fragilisée. Mais sur le reste, sur son expérience intime, non, nous n'avons jamais parlé et, d'ailleurs, je ne l'ai jamais entendu en parler ».

Arrivant à la fin de notre entretien, Christian Monjou se fait plus méditatif : « Ce qui me frappe le plus, c'est la personnalisation de la haine dont il est l'objet. On en veut toujours au gouvernement, mais là, on lui en veut à lui personnellement. Heidegger a dit quelque part que l'homme est un être de ressaisissement. Il lui faut se ressaisir. "Que veux-je vraiment faire de la mission que m'a confiée une partie du peuple au regard de l'intérêt général ?" : en rien de manière artificielle, pour le spectacle, il y va donc d'une conversion réelle. »

L'heure de la prière

Emmanuel Macron à la Victoire, le 4 septembre 2018. La grande synagogue de Paris a mis ses plus beaux atours pour recevoir le président de la République à l'occasion des vœux du nouvel an juif. Une première, une salle comble, pas un siège vide. Des applaudissements nourris éclatent à l'entrée du chef de l'État revêtu d'une kippa. Le voilà qui s'avance, fait un bain de foule, salue Nicolas Sarkozy, Gérard Larcher, Anne Hidalgo. Il se cabre littéralement devant le président de la Fédération protestante, le président du CFCM, le directeur général de la mosquée de Paris, assis côte à côte. Il leur lance : « C'est bien ! », sans qu'on sache ce que l'expression peut signifier. C'est bien que vous soyez venus ? C'est bien de vous voir ? C'est bien de vous voir assis côte à côte ? C'est bien d'avoir surmonté vos réserves ?

Le son de l'orgue retentit, apportant un brin de solennité à cette rencontre inédite. Le *Kol Nidré* cédera la place, tout à l'heure, à la Marseillaise.

Tout le monde s'interroge *in petto*. Y aura-t-il une intervention du président ? Assistera-t-on à un de ces beaux discours flamboyants dont il a le secret ? Joël Mergui, le président du Consistoire, prend la parole, exprime ses vœux, revient sur les dernières manifestations d'antisémitisme, précise que beaucoup de juifs de France vivent désormais partagés entre le doute et l'espoir, confesse qu'il n'est pas loin de faire partie du lot. « Nous n'acceptons pas d'être les victimes » déclare-t-il, ajoutant : « Il m'est arrivé moi-même de douter, mais je sais que la part d'espoir doit dépasser la part de doute. » Haïm Korsia lui succède au pupitre, annonce que le président de la République ne pourra pas prendre la parole, principe de laïcité oblige. Esquissant une variation sur le thème du « Hineni » – le « Me voici » proféré par Moïse en réponse à l'interpellation biblique et qui correspond en même temps à une volonté d'engagement et à une façon d'être requis, le grand rabbin lance à l'adresse du chef de l'État : « Je sais que vous ne nous demanderez pas quels sont nos besoins mais quels sont les apports qui peuvent être les nôtres. »

Est-ce voulu ? Cette cérémonie a-t-elle été organisée à cette fin ? Est-ce une manière d'ériger en modèle une pratique régulière et traditionnelle qui a cours dans les synagogues tous les samedis, et de la donner en exemple – subrepticement – aux autres confessions ? La soirée se clôt sur la « Prière pour la République » dont Michel Gugenheïm rappelle qu'elle a été édictée par les Sages de la Michna au IIe siècle avant J.-C. et adaptée depuis aux contrées d'accueil où les juifs se sont trouvés au cours de leur histoire.

« Éternel Maître du monde. Ta providence embrasse les cieux et la terre. La force et la puissance t'appartiennent. Par toi seul, tout s'élève et s'affermit. De ta demeure sainte, ô Seigneur, bénis et protège la République française et le peuple français. Regarde avec bienveillance depuis ta demeure sainte, notre pays, la République française, et bénis le peuple français. Que la France vive heureuse et prospère. Qu'elle soit forte et grande par l'union et la concorde. Que les rayons de la lumière éclairent ceux qui président aux destinées de l'État et font régner l'ordre et la justice. Que la France reste fidèle à sa noble tradition et défende toujours le droit et la liberté »

Les premiers versets de la Marseillaise retentissent, accompagnés à l'orgue, et l'ensemble de l'assistance se lève pour entonner à son tour l'hymne national. À la sortie d'Emmanuel

Macron, quelqu'un crie dans les travées : « Bravo, président ! » Et lui, dans un sourire entendu, de réagir : « C'est le meilleur discours que j'aie jamais fait ! » Un aveu qui en appelle un autre, plus intime parce que conjugal et féminin, celui de Brigitte Macron qui, le jour de l'investiture solennelle de son mari à l'Élysée, se serait penchée vers Mgr Georges Pontier et lui aurait glissé à l'oreille : « Priez pour lui ! »

Remerciements

Pour Jean-François Colosimo dont l'amitié m'honore depuis si longtemps et qui m'a grandement aidé, soutenu, encouragé dans l'enquête et dans l'écriture de ce livre.

Pour tous ceux qui l'ont inspiré et nourri par leur témoignage.

Pour ma famille et mes proches qui sont la meilleure partie de moi-même.

Table

Composition : Le vent se lève...

N° d'imprimeur : 152708
Achevé d'imprimer en France par CPI : avril 2019
Dépôt légal : avril 2019